Zibia
Gasparetto

ditado pelo espírito

**Silveira Sampaio**

# O repórter do outro mundo

Revisão
**Fernanda Rizzo Sanchez**

Direção de Arte
**Luiz Antonio Gasparetto**

Capa e Editoração Eletrônica
**Kátia Cabello**

Registro fotográfico
de Silveira Sampaio na capa:
autoria desconhecida

Páginas 14 e 15
Agência Folha de Notícias Ltda.

Zibia

1ª edição
Junho • 2007
150.000 exemplares

Publicação, distribuição
impressão e acabamento
**CENTRO DE ESTUDOS**
**VIDA & CONSCIÊNCIA EDITORA LTDA.**
Rua Agostinho Gomes, 2312
Ipiranga • CEP 04206-001
São Paulo • SP • Brasil
Fone / Fax: (11) 6161-2739 / 6161-2670
E-mail: grafica@vidaeconsciencia.com.br
Site: www.vidaeconsciencia.com.br



EDITORA VIDA & CONSCIÊNCIA GRÁFICA

Zibia Gasparetto

ditado pelo espírito

**Silveira Sampaio**

# O repórter do outro mundo

# Silveira

Rio de Janeiro

1914 – 1964

# Sampaio

# A trajetória de Silveira Sampaio

José Silveira Sampaio nasceu no Rio de Janeiro/RJ em 8 de junho de 1914, falecendo ainda jovem, vítima de um colapso bulbar, em 1964, aos 50 anos.

Casou-se com Jessie Olyntha Sampaio em 7 de maio de 1938 e com ela teve sua única filha, May.

Formou-se em medicina no ano de 1935, foi teatrólogo, jornalista e radialista.

Em 1946, vítima de uma tuberculose, afastou-se da medicina e passou a dedicar-se ao teatro. Era muito comum vê-lo atendendo pacientes na coxia do teatro.

Além da medicina e do teatro, colaborou como jornalista no Jornal do Brasil, no Diário de Notícias e no Correio da Manhã.

Silveira Sampaio foi esoterista e participou da Sociedade Científica Supermentalista Tattwa Nirmanakaia, onde atendia gratuitamente às pessoas carentes que ali se apresentavam.

Seu gosto pelo teatro teve início quando escreveu, aos dezesseis anos, com Arnaldo Farao, a peça *Futebol em Família*, encenada no Teatro São José, em 1931. Com essa peça ganhou o prêmio de Novos Autores, promovido na época pelo Jornal do Brasil.

Em 1948, ocupou o Teatro de Bolso, no Rio de Janeiro, saindo em 1953. Sua peça *O Diabo em Quatro Corpos*, marcou sua estréia no Teatro Serrador.

Suas obras foram muito importantes para a história da dramaturgia brasileira. Com ele teve início a comédia nacional no Rio de Janeiro.

Sampaio foi um grande comediante. Embora não sendo estudioso das artes cênicas, ele tinha conhecimento do teatro moderno e via no grande público grande satisfação. Essa era sua grande razão para escrever. Seus diálogos eram rápidos e originais, sem serem cópias do que já existia nos palcos.

Suas comédias eram criativas e questionavam os motivos e as conseqüências de fatos vividos diariamente e, ainda, criticavam a hipócrita classe média, com soluções inusitadas. Ele procurava extrair o que havia de mais engraçado nas situações vividas por seus personagens, sem comprometer a riqueza da história.

Com isso, foi um grande crítico dos costumes de sua época. Sempre satirizando temas como psicanálise, masoquismo, sadismo, estupro, fantasia sexual, fetiche e política, que ainda não eram bem compreendidos naquela época, ele fazia associações de idéias sem explicitar os assuntos. Tinha por objetivo divertir a platéia, sem agredi-la com insultos e sem impor seus pontos de vista. Sua vontade era inovar a cena nacional com sua percepção. Suas peças representaram a atualização da comédia nacional.

Com sua irreverência, ele conseguiu modernizar a comédia carioca por meio de um estilo novo, marcado pela influência do cinema. Embora em clima de comédia, ele usava sua imaginação e inteligência para transmitir críticas de forma inesperada, quase absurda. Sampaio utilizava-se do lado cômico e caricato das situações delicadas e polêmicas e apresentava-as à platéia de forma bem-humorada.

Sua obra *Uma Aventura aos 40*, foi transformada em filme e, no cinema, ganhou o Prêmio Associação Brasileira de

Cronistas Cinematográficos, 1947, RJ, de melhor filme; melhor diretor; melhor ator e melhor atriz.

Ainda em 1947, filmou *As Sete Noivas do Barba Azul*, que permaneceu inacabada. *A Inconveniência de Ser Esposa,* 1949, foi transformada em filme em 1950 e 1970. Sampaio foi responsável pela direção da peça de Guilherme Figueiredo, *Um Deus Dormiu Lá em Casa*, em 1949.

Em 1954, abandonou o teatro para dedicar-se a programas de TV. Seu programa, *Bate-Papo com Silveira Sampaio*, exibido inicialmente na TV Paulista e depois na TV Record com o nome de *SS Show*, obteve enorme sucesso. Sua apresentação era original e se iniciava com uma crônica política, em tom irônico, após, ele fazia entrevistas com alguns convidados. O programa teve seu término em virtude de sua morte inesperada em 1964.

Uma de suas peças, *Da Necessidade de Ser Polígamo*, foi encenada com grande sucesso em Nova York, em 1964.

No Rio de Janeiro o governo do Estado homenageou-o, dando seu nome a uma escola. Em São Paulo, uma rua no Morumbi, recebeu também o nome desse grande homem.

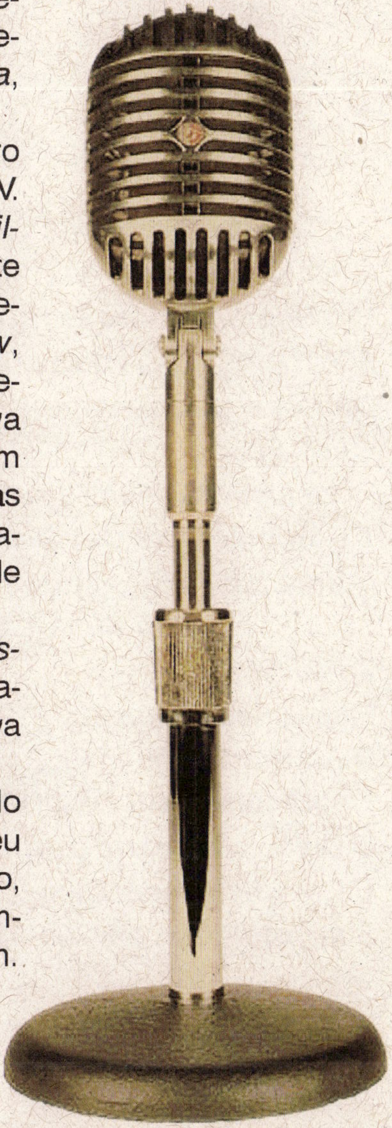

*Por Fernanda Rizzo Sanchez*

# Os espetáculos

**Peças escritas e dirigidas por Silveira Sampaio**

***Uma Aventura aos 40*** (1947 - Rio de Janeiro/RJ)
***Um Homem Magro Entra em Cena*** (1948 - Rio de Janeiro/RJ)
***A Inconveniência de Ser Esposa*** (1949 - São Paulo/SP)
***Da Necessidade de Ser Polígamo*** (1949 - Rio de Janeiro/RJ - 1962 - Salvador/BA)
***Paz Entre os Bichos de Boa Vontade*** (1949 - Rio de Janeiro/RJ)
***A Garçonière do Meu Marido*** (1949 - Rio de Janeiro/RJ)
***O Impacto*** (1950 - Rio de Janeiro/RJ)
***Só o Faraó Tem Alma*** (1950 - Rio de Janeiro/RJ - 1957 - São Paulo/SP)
***Flagrantes do Rio nº 1*** (1951 - Rio de Janeiro/RJ)
***Deu Freud Contra*** (1952 - Rio de Janeiro/RJ)
***Flagrantes do Rio nº 2*** (1952 - Rio de Janeiro/RJ)
***O Diabo em Quatro Corpos*** (1953 - Rio de Janeiro/RJ)
***O Cavalheiro sem Camélias*** (1953 - Rio de Janeiro/RJ )
***Sua Excelência em 26 Poses*** (1954 - Rio de Janeiro RJ)

***No País dos Cadillacs*** (1956 - Rio de Janeiro/RJ)
***Brasil, de Pedro a Pedro*** (1956 - Rio de Janeiro/RJ)

## Peças escritas por Silveira Sampaio

***Futebol em Família*** (1931 - Rio de Janeiro/RJ)
***Reginaldo Costureiro*** (1934 - Rio de Janeiro/RJ)
***A Vida Imita a Arte*** (1948 - Rio de Janeiro/RJ)
***Triângulo Escaleno*** (1951 - Rio de Janeiro/RJ)
***Bacanal*** (1952 - Rio de Janeiro/RJ)
***O 3º Homem*** (1952 - Rio de Janeiro/RJ)
***No Tempo da Onça*** (1953 - Rio de Janeiro/RJ)
***Um Americano em Recife*** (1953 - Rio de Janeiro/RJ)
***Quem Roubou Meu Samba*** (1953 - Rio de Janeiro/RJ)
***No Tempo do Amadorismo*** (1954 - Rio de Janeiro/RJ)
***Vovó e Papai em Rock-and-Roll*** (1957 - Rio de Janeiro/RJ)
***Flagrantes do Rio*** (1990 - Rio de Janeiro/RJ)

## Peças dirigidas por Silveira Sampaio

***Um Deus Dormiu Lá em Casa*** (1949 - Rio de Janeiro/RJ)
***Professor de Astúcias*** (1952 - Rio de Janeiro/RJ)

## Peça interpretada por Silveira Sampaio

***A Família e a Festa na Roça*** (1948 - Rio de Janeiro/RJ)

Reportagem: Folha da Tarde - 27/01/1986

# Silveira Sampaio,

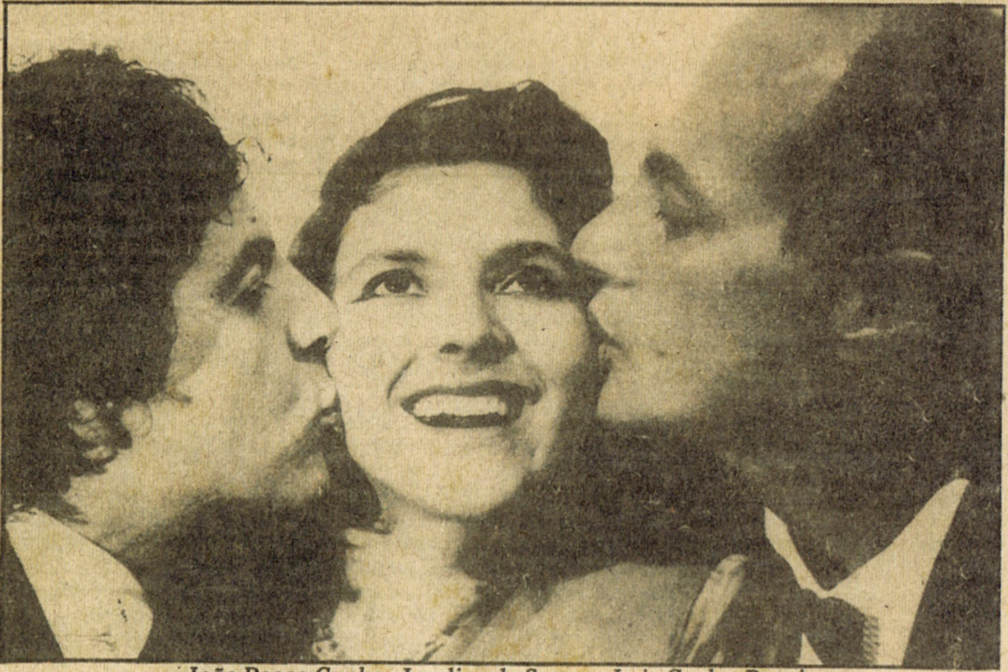

Divulgação

*João Bosco Cunha, Jandira de Souza e Luis Carlos Rossi*

Flagrantes bem-humorados do cotidiano amoroso do brasileiro. Essa a especialidade do ator, escritor e diretor de teatro Silveira Sampaio, que agora passa a ser o tema de uma peça cujo objetivo é rever a importância de sua obra no contexto da dramaturgia nacional. "Silveira Sampaio em Revista" estréia hoje no horário alternativo do Teatro do Bixiga, num trabalho do grupo Theatro Treco nos Cabos, dirigida por Carlos Palma.

"Silveira Sampaio em Revista" é formada por três flagrantes em tom de comédia. "Triângulo Escaleno", fala do jogo conjugal e as consequentes renovações na relação que se instalam depois que a esposa arranja um amante, tudo baseado no tom de falsa moral comum entre os brasileiros. Na base de todos sabem de tudo, mas não admitem. O segundo episódio é "Treco nos Cabos" (que acabou dando nome ao próprio grupo). Aqui, presos num elevador entre o 13º e o 14º andar de um edifício qualquer, estão um cabineiro, um ex-aviador e uma desquitada. Aqui o autor desenrola à vontade seu humor ingênuo, elegante e apimentado. E, como terceiro flagrante entra "A Vigarista", uma comédia político/ sexual, que retrata as relações entre uma prostituta que pretende obter um emprego para seu gigolô, e um senador da Velha República.

paio poderão perceber fragmentos de "Só o Faraó tem Alma", e "A Necessidade de Ser Polígamo". A encenação inclui ainda exibição de um filme em Super 8, gravações de rádio, tevê e slides. No elenco estão Luiz Carlos Rossi, Jandira de Souza, João Bosco Cunha e Herbert Frederico (este também responsável pela direção musical). Cenários e figurinos são assinados por Cristina Fischetti, a coreografia por Patrícia Gaspar, tudo apoiado na pesquisa de Wanderley Fernandes.

"Silveira Sampaio em Revista" permanece em cartaz no Teatro do Bixiga sempre às segundas e terças, às 21 horas, e sextas à meia-noite. Os ingressos custam Cr$ 50 mil (inteira) e Cr$ 30 mil (meia).

# SAIA DE CASA

## a arte de rir

### Bem-humorado e criativo

*Ator, comediógrafo, escritor, médico, jornalista e, sobretudo humorista, Silveira Sampaio aprendeu cedo a manusear todos os instrumentos que precisava para dar vazão à sua imensa capacidade de criar. Nascido na Tijuca em 8 de junho de 1917, único filho da brasileira Guilhermina e do português Paulino, aos 21 anos formava-se médico. Logo após a graduação, dedicou-se à pediatria, onde acabou construindo uma sólida carreira. Em sua biografia consta até que tinha preocupações sociais em seu trabalho, tendo atendido a mais de quatro mil crianças por sua conta, sem cobrar sequer um tostão. Nos treze anos em que trabalhou no Ministério da Saúde, deixou para a literatura médica três obras: "Noções de Higiene Infantil", "Problemas Médicos Gerais da Infância" e "Tuberculose da Infância".*

*A Medicina ele exercia com grande dedicação. Mas, desde que, aos 16 anos escreveu sua primeira peça, "Rei das Bananas", não conseguia deixar de pensar em teatro. A segunda, "Futebol em Família", foi premiada no Concurso de Autores Novos do Jornal do Brasil. Aos trinta anos, deixou de clinicar para dedicar-se apenas ao teatro e ao cinema, fundando a companhia "Os Cineastas", com Flávio Cordeiro. Seu primeiro filme, "Uma Aventura aos 40", na qual assinava como autor do argumento e diretor, recebeu vários prêmios.*

Banco de Dados

Silveira Sampaio

*Mas era ao teatro que dedicava maior devoção. A partir de 1948, Silveira Sampaio incrementou a sua produção artística, passando a estrear uma peça após a outra, sempre com o olhar crítico e humorado, característica de sua personalidade. Nesse período vieram "Da Inconveniência de Ser Esposa", "Garconière de Meu Marido", "Sua Excelência em duas Poses", até "Deu Freud Contra". Do palco para as telas, e shows em boates, foi um passo. Assim como ingressar na insipiente televisão brasileira. Teve importante participação em revistas musicais, onde apresentou vários espetáculos, como "No País dos Cadillacs" (pelo qual recebeu prêmio de melhor ator do teatro de revista de 1956), "Brasil de Pedro a Pedro", e "Um Americano em Recife" (em Montecarlo).*

*Por muitos anos ainda, Silveira Sampaio foi ainda colaborador do "Diário de Notícias" e da* **Folha de S. Paulo**. *Quando faleceu, em novembro de 1964, de um tumor no cérebro, às vésperas do casamento de sua única filha, Sampaio estava aguardando a estréia de "Da Necessidade de Ser Polígamo" na Broadway, numa versão do então ministro Roberto Campos.*

*Desde 1964, o Brasil perdeu um humorista capaz de penetrar fundo na essência de tudo que é seriamente engraçado, solenemente ridículo, austeramente subversivo. Silveira Sampaio foi o escritor das contradições, e soube registrar em sua obra uma mescla de mordacidade e humor nunca igualada na história da comédia brasileira.*

# 1

Sentado em um banco, enquanto observava a beleza das flores que guarneciam os canteiros e espalhavam delicioso perfume, eu meditava sobre os desafios que a vida coloca em nosso caminho a fim de ensinar-nos a viver melhor.

Muitos acreditam que eles só aparecem quando estamos encarnados na Terra e que se entrarmos na dimensão astral colhemos os louros ou as tristezas de acordo com o que merecemos.

A vida, porém, não funciona assim. É verdade que responde às nossas escolhas, mas o faz do seu jeito, na hora certa, no momento conveniente.

O que é preciso saber é que não há um julgamento, em que de tempos em tempos seja reavaliada nossa performance. Não. Claro que há uma avaliação, sem o que não haveria progresso. Mas ela é ininterrupta.

Cada atitude reflete uma condição, e a vida a decodifica de imediato, projetando-a em nosso destino. Claro que podemos mudar. Essa mudança é um dado importante que altera nosso futuro.

A vida é como se fosse um computador, tendo as leis divinas como programa. Nossas atitudes colocam as variáveis e o programa determina em que condições teremos de viver para alcançar os objetivos da evolução.

Eu refletia sobre a perfeição do Universo e a bondade da vida sempre nos empurrando para o melhor. Ao mesmo tempo, sentia o relativismo de cada um dentro desse processo.

Estava na hora. Levantei-me, apanhei a pasta na qual resumira meus estudos, lancei um olhar para a beleza do céu azul e das flores que me cercavam, e, decidido, dirigi-me ao prédio do outro lado da praça, onde deveria desenrolar-se nossa reunião.

Há alguns anos faço parte de um grupo que coordena uma área direcionada ao esclarecimento aos que vivem na Terra, divulgando as verdades espirituais, procurando assim realizar um trabalho preventivo.

Tenho observado que as pessoas quando conseguem enxergar as coisas como são, escolhem melhor, são mais felizes. E a felicidade é objetivo que pode e precisa ser conquistado.

Entrei no salão, os outros participantes já estavam lá. Havia mais ou menos umas cem pessoas, cada uma representando um grupo, nas variadas atividades do atendimento espiritual na Terra.

Sentei-me em silêncio, passando o olhar pelos outros participantes. Você, se estivesse aqui, talvez se surpreendesse. Havia pessoas de todas as raças e costumes, alguns conservando as roupagens antigas, outros trajando roupas tão avançadas que ainda vão levar algum tempo para se materializar no mundo.

É que em nossa colônia somos livres para escolher e cada

um expressa sua preferência sem constrangimento. Mas é preciso dizer que todos tinham credenciais para estar ali, não só pelo trabalho já desempenhado como pelos projetos que criaram, foram aprovados e mantinham.

A música suave nos convidava à meditação, e todos nos preparamos, procurando harmonizar e elevar nosso pensamento.

Nesse instante, entrou no salão um homem alto, vestindo uma túnica branca, os cabelos e a barba cobriam seu pescoço. Trazia na mão um bordão que, sabíamos, havia lhe sido outorgado nas altas esferas, onde vivia.

Apesar da brancura de seus cabelos, sua pele morena não tinha nenhuma ruga e seus olhos brilhavam cheios de vivacidade e alegria.

Nós nos levantamos gratificados com sua presença. Com um gesto leve, ele designou as cadeiras para que nós sentássemos. Depois, começou a falar com voz clara e firme:

– Sinto-me feliz por estar aqui novamente para conversarmos sobre nosso trabalho. Agradeço a acolhida e vamos aos assuntos de hoje. Tenho sentido o pensamento angustiado de alguns que gostariam de obter melhores resultados em seus esforços.

Devo lembrar que tudo está certo no mundo. Embora o momento não seja agradável e o sofrimento seja grande na crosta e no Umbral, o amor divino continua derramando suas bençãos sobre todos e ninguém está desamparado. Se não estão melhores é porque ainda não conseguiram fazer a parte que lhes cabe.

Pela dedicação e esforço que vocês têm despendido esperavam colher melhores resultados. Olhando-os, percebo como têm progredido desde a última reunião que tivemos. Isso enche meu coração de alegria, porque sei que no trabalho de cada um o importante é o próprio progresso. Claro que gostariam de ver maior número de pessoas firmes no caminho do bem.

Contudo, esse é o problema deles, o de vocês é desenvolver a própria consciência e conquistar a sabedoria. E, ninguém consegue fazer isso sem desenvolver a generosidade. Olhar a vida sob a óptica da espiritualidade abre as portas do conhecimento e da lucidez.

O mundo passa por uma fase difícil, mas por certo necessária ao desenvolvimento desses espíritos. Não é nossa responsabilidade o crescimento deles. A vida cuida de tudo e conhece o ritmo de cada um.

Apesar de vocês desejarem maiores resultados nos nossos projetos, nossas estatísticas apontam uma quantidade satisfatória de espíritos que foram tocados pelos trabalhos que vocês desempenharam, aprenderam muitas coisas, mudaram seus caminhos.

O recado que trago das esferas superiores é que estamos muito satisfeitos com o desempenho de todos e deixo um lembrete: cuidado com a vaidade. O progresso depende das atitudes em que cada um acredita e leva no coração. A precariedade da nossa avaliação revela nossa incapacidade para perceber a verdade do outro. Um ato cruel pode acabar por destruir a tênue linha que separa a indiferença da sensibilidade. A que considerar que o ser mais empedernido esconde dentro de si um espírito cuja essência é divina.

Peço-lhes que deixem seus estudos sobre a mesa. Vamos estudá-los e voltaremos oportunamente para trocar idéias sobre cada um. Por agora, agradeço a cooperação e desejo a todos muito progresso e luz.

Nesse instante, uma luz forte iluminou toda a sala e eu senti um calor muito agradável, enquanto uma voz suave me dizia na intimidade do coração:

– Continua seu trabalho. Estamos com você.

Nós nos levantamos e fomos saindo em silêncio, com receio de quebrar a harmonia que nos fazia tanto bem.

De volta ao jardim da praça, fui abordado por Marta:

– Que coisa boa! Ainda estou flutuando!

Sorri alegre e arrisquei uma brincadeira:

– Algum dia você já ficou com os pés no chão?

Marta pendurou-se em meu braço com os olhos brilhantes e maliciosos:

– Você algum dia vai enxergar o meu lado bom?

Marta chegara à nossa colônia havia mais de dez anos, vinda da Terra, onde vivera mais de setenta anos, tendo enfrentado muitos desafios com proveito.

Professora universitária no Rio de Janeiro, havia batalhado pela educação do povo brasileiro com um devotamento que lhe granjeara o apoio e a admiração de todos nós.

Apesar das dificuldades que encontrara, enfrentando a burocracia que emperrava as decisões de progresso, da resistência dos acomodados no trato com a coisa pública, dos que exploram os problemas humanos em proveito próprio e são contra quaisquer mudanças que lhes ameace os domínios, Marta conseguiu contribuir para o progresso geral.

De volta ao astral não perdeu tempo. Procurou logo uma forma de participar. Alegre, descontraída, com um senso de humor que me encantou desde o primeiro momento, nossa amizade nasceu espontânea e sincera.

Parei de caminhar e a encarei com ar de espanto:

– Eu sempre vejo seu lado bom. Pelo que sei não há outro!

– A energia estava tão boa que até nós estamos trocando elogios! Fale-me do seu trabalho. Você estava indeciso entre três projetos. Qual você escolheu?

– O de teatro.

O rosto de Marta iluminou-se:

– Eu sabia! Você adora esse tema.

– Como médico eu havia pensado em cooperar na área da saúde. Esta história de código genético deu voltas na minha cabeça. Fascinado pelos estudos que observei em nossa escola de ciências, pensei até em preparar-me para reencarnar no mundo como cientista e contribuir para diminuir o sofrimento das pessoas, melhorando a qualidade de vida. Eu poderia fazer crescer novos membros naqueles que os perderam, substituir um órgão vital degenerado por outro são e detectar moléstias nos fetos em gestação, iniciando tratamentos antes do nascimento.

Eu havia parado, olhos fixos em um ponto indefinido, preso em meus devaneios. A voz de Marta trouxe-me de volta à realidade:

– Seria maravilhoso! Você gastaria anos na preparação, satisfaria em parte sua curiosidade insaciável, nasceria no mundo cheio de projetos. Mas, depois de adulto, abandonaria tudo, assim que o micróbio do teatro o picasse de novo.

– Você acha que eu seria capaz disso?

– Acho. A primeira vez que você pisasse em um palco, esqueceria todos esses projetos.

Lembrei-me dos tempos em que em cima do palco, olhando os rostos expressivos na platéia, ouvindo seus aplausos, eu me sentia revigorado, alimentado, inspirado a criar sempre mais.

– Só ao pensar nisso seu rosto se transforma. – Continuou ela. – Não adianta fugir. Sua vocação é essa.

– É que eu admiro os benfeitores que contribuíram para o alívio do sofrimento humano.

– Ultimamente tenho achado você um pouco fora da realidade.

– Eu?!... Tenho horror à ilusão. Sei que ela é responsável por todos os nossos sofrimentos.

– Sabe, mas está se iludindo.

– Em que se baseia para dizer isso?

– Nessa história de querer ser o que não é. Quer maior ilusão do que essa?

Eu parei, olhei-a nos olhos e pedi:

– Esclareça.

– Você tem alma de artista. Sensível, delicado. Uma invejável lucidez para enxergar os pontos marcantes da personalidade e do temperamento das pessoas. Possui uma clareza de raciocínio incomum para dissecar atitudes e comportamentos. Junte a tudo isso uma enorme facilidade para expor suas idéias, criando histórias e contando-as de forma atraente, o que as torna sempre muito interessantes. Onde usar todos esses quesitos senão no teatro?

– É assim que você me vê?

– É. Mas noto que você fala como se a atividade teatral fosse menos meritória do que a do cientista, do educador ou de qualquer outro ramo de atividade. Procure sentir o que há atrás de suas palavras.

Fiquei calado. Não é que ela estava com a razão?

Continuamos caminhando. Marta quebrou o silêncio:

– Você disse que tinha três projetos. Qual é o terceiro?

– Reconheço que não era importante. Como você mesma disse, minha vocação é o teatro, tanto que esse foi o projeto apresentado. No momento, em qualquer outro eu estaria deslocado.

Ela riu contente e considerou:

– Como sempre você é rápido e sai fora com classe!

– Você ainda não falou nada sobre o seu projeto. Vai continuar na educação?

– Sabe de uma coisa? Eu mudei. Quando estava vivendo na Terra, por ter tido uma educação superior, eu acreditava que era minha responsabilidade cuidar da educação dos outros. Estudei muito, esforcei-me ao máximo, trabalhei até a exaustão e consegui dar uma contribuição social. Contudo, confesso que não me senti realizada, porquanto os resultados que constatei nas pessoas ficaram muito aquém do esperado. No fim da minha vida, muitas vezes me perguntei se meu esforço teria valido a pena. Senti-me frustrada, desmotivada. Cheguei aqui questionando o tempo que eu havia perdido negligenciando minhas coisas pessoais.

– Esse momento é inevitável. Todos nós o enfrentamos.

– Claro que encontrei aqui o respeito pelo trabalho feito e o apreço dos amigos, mas, apesar disso, ainda questiono meu desempenho como pessoa. Eu fui rigorosa comigo, não me permiti viver. Com a disposição de trabalhar, tranquei minha sensibilidade a tudo que não se referisse ao trabalho. Com os filhos, nunca me permiti gastar o tempo em futilidades ou sem fazer nada. Eu estava sempre querendo lhes passar alguma coisa boa, uma lição de vida, corrigindo suas expressões, querendo que fossem perfeitos.

– Por tudo isso você atraiu aquela filha.

– É verdade. Marcela me descontrolava.

– Ela, sem saber, estava lhe passando um recado importante da vida.

– Estava dizendo que eu não tinha o poder de mudar ninguém. Que só podia mudar a mim mesma. Ah! Como eu custei a entender isso! Eu pensava que era meu dever de mãe moldá-la conforme meu modelo de perfeição. Quanta ilusão! Quanto sofrimento inútil.

– Nada é inútil. Essa foi a maneira que você escolheu para aprender. Quando estamos encarnados, os conceitos do mundo com os quais somos educados são muito fortes. Por esse motivo, penso que você poderia continuar trabalhando a favor da educação como sempre fez. Sua experiência pessoal nessa área é preciosa.

– De fato. Quando saí daqui estava confiante, cheia de idéias novas, disposta a dar um grande passo em meu progresso. Contudo, uma vez lá, não consegui organizar as emoções. Misturei tudo. Eu que pensava haver adquirido bom controle mental, não soube discernir o que era minha responsabilidade fazer ou não.

– Essa linha às vezes nos parece muito tênue.

– É que as emoções aparecem e no afã de acertar você extrapola, deixa-se levar pelas ilusões. Confunde responsabilidade com vaidade, firmeza com radicalismo, bondade com permissividade, dignidade com orgulho. Quando voltei aqui precisei de atendimento terapêutico para conseguir enxergar meus verdadeiros sentimentos.

– Noto que você sente receio de reencarnar.

– Sinto. Você não?

– Há momentos em que tenho saudades das coisas boas da vida na Terra. Mas quando penso seriamente em novo reencarne sinto arrepios de medo.

Marta riu gostosamente:

– Isso me conforta muito.

– Tenho ouvido dizer que logo partirá daqui uma nova leva de companheiros para reencarnar no Brasil. Os espíritos atrasados ainda têm grande influência sobre a população. Tenho acompanhado os noticiários com regularidade. A necessidade de um trabalho mais objetivo de esclarecimento torna-se mais necessário a cada dia.

Marta parou de andar, olhou-me nos olhos e indagou:

– Você acha que seremos escalados? Tenho sentido alguns sintomas e receio que meu momento esteja próximo.

– Eu também. Até perguntei ao Jaime, mas ele como sempre desconversou, o que significa que não sabe ou não tem permissão para falar.

Olhei para os lados, baixei o tom de voz e sussurrei:

– Desconfio que os trabalhos que nos pediram para a reunião de hoje sejam para isso.

– Será? Meu Deus! Eu ainda não estou pronta.

– Ninguém irá se não estiver pronto para o que vai fazer.

Continuamos caminhando e, ao chegar em frente ao portão de uma casa, paramos. Marta pediu:

– Vamos entrar e conversar mais um pouco. Ainda não me acostumei com a casa vazia.

Olhei o jardim bem cuidado, aspirei com satisfação o perfume gostoso das flores e concordei. Era uma casa térrea muito bonita, pintada de amarelo-claro, portas brancas, iguais a muitas que havia no interior de São Paulo. Marta a construiu em nossa cidade saudosa de um tempo em que havia vivido bons momentos.

Fazia quatro anos que Arnaldo, companheiro de Marta,

havia reencarnado. Ela pediu para acompanhá-lo, mas não obteve permissão.

– Para você ainda não é tempo de voltar. Mas mesmo que fosse, não seria ao lado de Arnaldo. Ele precisa vivenciar experiências diferentes das suas.

Entramos. Uma brisa agradável nos envolvia e o céu cheio de estrelas nos convidava a pensar. Sentamo-nos na varanda e continuamos conversando.

– Estou curioso. Que projeto você apresentou?

Marta sorriu e respondeu:

– Eu disse que não era na área da educação. Contudo, qualquer projeto nosso sempre terá a finalidade de educar. Eu disse que mudei porque não pretendo militar em escolas, tentando inspirar atitudes progressistas. Nas escolas do mundo o ensino está muito deturpado. Valores invertidos, crenças materialistas, coisas sem nenhuma utilidade prática. Não se ensina a assumir a própria responsabilidade, a tomar posse do próprio poder, a valorizar a verdade.

– Sem falar do esforço que temos de fazer para nos libertar de todas as crenças erradas que nos enfiaram na cabeça. Até hoje me surpreendo de vez em quando embarcando em uma delas. Como temos facilidade de nos iludir!

– Por esse motivo, fiz um projeto humanista, pensando em trabalhar apenas com pessoas sem religião.

– Que interessante! Tenho observado que as religiões é que têm criado maiores problemas para as pessoas que enchem a cabeça de regras, querem entrar nelas sem conseguir. Claro, o modelo está sempre muito acima.

– A pessoa cumpre certo ritual e julga-se quite com Deus, porém, no dia-a-dia, comete toda sorte de deslizes. Quando aparecem os problemas, revolta-se. Ou então se torna fanática, promovendo uma lavagem cerebral da qual gastará muito tempo para se livrar. Em ambos os casos o resultado é o sofrimento.

– Na verdade, as religiões tiveram utilidade. Usam o medo

apresentando um Deus punitivo e cruel. Isso funcionou quando ainda não tínhamos discernimento e precisávamos da contenção. Na medida em que desenvolvemos nossa consciência, começamos a enxergar a perfeição da criação e a generosidade da vida. Então, passamos a questionar, não a revelação divina, mas o que os homens fizeram dela, criando as várias religiões que grassam na Terra.

– Isso mesmo. Eu pensei em trabalhar os materialistas porque eles não têm as formas pensamentos das velhas crendices religiosas. Notei que alguns, por não aceitar nenhuma idéia sem questionar, tinham mais facilidade para entender os verdadeiros valores do espírito.

– Claro. A verdade é sempre mais forte que a ilusão.

– Quando me decidi por essa linha, comecei a pesquisar com qual grupo eu deveria trabalhar.

– Que critérios você usou na pesquisa?

– Bem, primeiro procurei pessoas que respeitam a vida, a natureza, verdadeiras em seus sentimentos. Encontrei maior número delas entre as que se dedicam à ecologia, à nutrição e ao esporte.

– Você diria que a profissão favorece?

– Eu diria que é o contrário. Quando o espírito é mais consciente escolhe uma dessas profissões. Mas devo dizer que encontrei também em outras categorias pessoas com atitudes muito espiritualizadas, mesmo se dizendo materialistas. Há empresários, muito ricos, que estão entre elas.

– Há muito preconceito no mundo com pessoas de dinheiro. Eu nunca concordei. Não estou falando dos interesseiros ou gananciosos. Falo dos que usam o dinheiro para distribuir riquezas, dando emprego digno, acelerando o progresso de todas as formas.

– Exatamente. O meu projeto vai se dedicar especificamente ao esclarecimento dessas pessoas.

– É aí que entram os que precisarão reencarnar para suporte e materializar lá suas idéias. Estando lá serão ouvidos com mais facilidade. Ainda há muito preconceito com relação aos desencarnados. Mesmo os médiuns que já tiveram muitas experiências conosco ainda são inseguros.

– Eu sei. Eles não confiam em si mesmos e andam sempre à procura de videntes, astrólogos e ledores de tarô. Esse é um ponto que tenho trabalhado muito com meu pessoal em nossas reuniões. Mas como você sabe, aqui tudo é fácil.

– É. Lá, esquecidos de nossa origem, mergulhamos com tudo no mundo material.

– Por tudo isso, tenho trabalhado bastante a posse de si. Ninguém pode fazer nada de bom no mundo enquanto estiver valorizando mais os outros que a si mesmo. Ouvir opiniões é bom, mas é preciso discernir, sentir para onde queremos ir, quais objetivos queremos alcançar. Para isso, é fundamental o desenvolvimento do bom senso.

– O bom senso nos faz viver melhor em qualquer lugar, inclusive aqui.

– Em meu grupo já tenho uma lista dos voluntários que preferem reencarnar para trabalhar no projeto. Você acha que será aprovada?

– Não sei. Nem sempre o que desejamos é viável. Nosso diretor tem seus próprios critérios.

– Bem, em todo o caso, deixei lá meu projeto. Os que encarnarem formarão um grupo de estudos aberto, com a finalidade de ensinar a viver melhor. Estudar como a vida funciona é o objetivo. Estará fora da religião, podendo questionar todas as filosofias. Entretanto, terá como base os valores eternos do espírito.

– Tenho experiências muito interessantes nesse campo. Acho que é por aí. Chega de perder tempo com crenças mentirosas.

– Estou entusiasmada com esse projeto. Agora estou em dúvida se vamos poder executá-lo como planejamos. Pensei em ficar aqui para acompanhar o trabalho nos dois planos. E se eles me pedirem para reencarnar?

– Se fosse para você ir, teriam concordado quando fez o pedido.

– Em todo o caso, essa possibilidade existe. Vou reunir o grupo e estudar essa hipótese. Não quero ser surpreendida. Mas, e você, fale sobre seu projeto.

– Você sabe como eu penso. Acredito que a melhor maneira de passar idéias é criando vivências. Histórias que mesmo de ficção retratem os dramas e as alegrias do cotidiano. Quando são bem achadas, baseadas nos valores verdadeiros da vida, elas tocam a alma das pessoas que se identificam com os personagens. No desfecho, descobrem que a vida responde de acordo com o que você dá. Assim fica fácil perceber seus enganos, reavaliar suas crenças, escolher melhor seu caminho.

– A isso eu chamo ir pela inteligência em vez da dor.

– Essa é a finalidade. Mesmo porque a dor, ao contrário do que muitos dizem, é o caminho mais longo. Consome-se muito tempo na indiferença, cultivando ilusões. Quando a vida esgota suas advertências e a dor chega é preciso mais tempo ainda para recuperar o equilíbrio perdido e esquecer o sofrimento, curar as feridas, suavizar as cicatrizes.

– Quantos séculos gastamos nesse círculo vicioso?

– Ainda bem que esse tempo, para muitos, acabou. Os retardatários deixarão a Terra. Ainda na semana passada, quando se aproximou aquela nave mãe, eu soube que ela atraiu uma leva enorme de espíritos que habitavam nas profundezas do Umbral. Esses não mais reencarnarão na Terra.

– Ouvi dizer que foram para um planeta que é mais de mil anos atrasado com relação à Terra.

– Assim, aos poucos os bons herdarão a Terra.

Marta riu e comentou:

– Há frases que apesar das deturpações do homem, nunca morrem.

– Porque dizem a verdade.

– Como é que você pensa realizar esse projeto?

– Eu tenho algum tempo de vantagem sobre você. Conto com pessoas encarnadas que já estão engajadas nele.

– Do seu grupo não vai reencarnar ninguém?

– Não sei. Você sabe que nós artistas adoramos um palco. Esse micróbio é incurável. Alguns até se inscreveram para voltar. Acontece que temos gente boa encarnada que pode iniciar nosso projeto com sucesso. Já fizeram algumas incursões bastante animadoras.

– Você fala dos livros e das peças que estão circulando na Terra? Tenho acompanhado.

– Nosso projeto não vai se limitar apenas a livros e peças de teatro. Queremos investir em arte. Como você sabe, a arte é a maneira mais eficiente para sensibilizar o espírito. A beleza fala da perfeição da vida, os sons tangem as cordas da alma.

– Se os homens soubessem disso, dariam maior atenção às coisas, cuidariam com capricho de tudo o que há no mundo. É triste observar a feiúra de certas cidades da Terra. As pessoas que vivem ali se tornam ásperas, duras, insensíveis.

– O espírito se fecha para não sofrer. A indiferença é uma fuga, mas acaba em muitos casos se refletindo na irresponsabilidade, na maldade.

– Felizmente, é hora de mudar esse estado de coisas. O adiantamento técnico dos meios de comunicação tem contribuído muito.

– Concordo. Por enquanto a maioria está deslumbrada com as facilidades do conforto e da abertura de conhecimentos que esse adiantamento proporciona, sem perceber o alcance dessas conquistas que são utilizadas levianamente.

– Às vezes até em prejuízo das pessoas, refletindo o estado emocional e espiritual que cultivam. É preciso dar um tempo para que despertem e aproveitem melhor todas essas dádivas.

– Fico imaginando o que eu faria agora se estivesse vivendo encarnado na Terra. Nesses momentos, sinto um desejo grande de voltar. Mas, depois, refletindo melhor, penso que por enquanto é mais conveniente eu continuar aqui.

Marta sorriu alegre e comentou:

– Está com medo de enfrentar o esquecimento?

– Para ser sincero, estou. Como você sabe, uma coisa é viver aqui, sem as influências da carne, outra é estar lá.

Marta ficou calada por alguns segundos, olhos perdidos em um ponto indefinido, depois disse com suavidade:

– Viver lá pode ser muito bom. Depende de como nos posicionamos.

– Você está pensando em Arnaldo. Gostaria de estar ao lado dele. Mas eu penso que você, ficando aqui, poderá acompanhar todos os acontecimentos e ajudá-lo. O que não aconteceria se estivesse reencarnada e não se recordasse de nada.

– Esse pensamento me conforma bastante. Mas ao mesmo tempo...

Ela hesitou e eu comentei:

– Você terá de fazer tudo isso anonimamente. Terá de aceitar todos os relacionamentos amorosos dele. Será que está preparada?

Ela suspirou e respondeu:

– Estou tentando. Ainda mais sabendo que vai se relacionar com Margarida. Quando penso nisso sinto um aperto no peito. Tenho receio de que ele não consiga resolver esse desafio.

– Tem tudo para conseguir.

– É verdade. Não vou deixar pensamentos negativos me envolverem. Eu pensei que houvesse vencido os problemas do passado. Mas, desde que Arnaldo se foi, por vezes me surpreendo com lembranças desagradáveis.

– A vida traz de volta o que ficou mal resolvido, dando nova chance de colocar tudo em ordem. Você e Arnaldo viveram muitas experiências juntos. Amam-se e pretendem continuar unidos. É natural que os desafios que ele enfrentou, desde os preparativos para o reencarne até suas emoções, tudo, envolvam você.

– Eu sei. E o que sinto também vai influenciá-lo, ainda que esteja esquecido momentaneamente. Por esse motivo, é imprescindível que eu controle meus pensamentos e possa transmitir-lhe a ajuda que desejo.

– Você conseguirá. Tenho certeza disso. Agora preciso ir para casa. Desejo assistir a um balé moderno que vai passar esta noite. Ainda tenho alguma dificuldade em entender as novas tendências da dança que vão vigorar no mundo daqui para frente.

– Confesso que eu também sinto essa dificuldade. Prefiro a arte delicada e suave da dança clássica. Não consigo compreender essa dança que mais parece uma luta que uma expressão interior.

– É que no mundo, o ruído, a violência, o exercício físico estão interessando aos jovens. Teremos de tirar partido desse interesse e conseguir sensibilizar-lhes a alma.

– Ainda bem que escolhi outra área. Eu nunca saberia fazer isso.

– Eu confio que vamos conseguir. Afinal, já que o momento chegou, a vida dará uma mãozinha...

Marta riu divertida, abraçamo-nos e nos despedimos. Saí olhando a beleza da noite, sentindo a alegria de viver, de estar lúcido para apreciar o momento sempre renovado que me facultava o prazer de pensar, agir com inteligência, buscar novos conhecimentos, experimentar e aprender.

Esta escola eterna e perfeita, sempre me emociona e faz com que eu me sinta como um adolescente, cheio de curiosidade e vontade, confiante no futuro.

# 2

Dois dias depois, recebi um chamado de Jaime. Atendi imediatamente. Fui encontrá-lo em sua sala de trabalho. Vendo-me entrar, disse-me alegre:

– Tenho boas notícias. Seu projeto foi aprovado.

– Que beleza! Nosso pessoal vai ficar feliz.

– Ele foi detalhado e dividido em várias áreas para ficar mais abrangente.

– Sofreu modificações?

– Algumas, por questão de praticidade. Você sabe que para obter sucesso o projeto deve ser oportuno. Por mais que nós queiramos adiantar o progresso das pessoas, nada poderemos fazer sem o determinismo de cada um.

– Eu sei. Quem está encarnado na Terra anda mais devagar, além do problema da resistência ao novo.

– Contudo, devo esclarecer que quanto à essência foi aprovado inteiramente. Vocês fizeram um projeto viável.

Sorri satisfeito. Havíamos nos esforçado, pesquisando, experimentando, e as palavras de Jaime fizeram-me compreender que conseguimos um bom resultado.

– Vou detalhar algumas coisas para você, para dar início. São sugestões que vocês vão analisar.

Ele ligou o aparelho à sua frente e apareceu na tela o nosso projeto. Ele foi movimentando e parou, observando:

– Vocês têm estudado o campo emocional humano e aprendido muito sobre comportamento. Conhecem metafísica e sabem como as leis atuam respondendo às atitudes de cada um. Mas nesse trabalho vão precisar de mais.

– Pensei que tivéssemos pensado em tudo!

– De fato, pensaram em tudo o que conhecem.

– Isso significa que há mais.

– Para dar um passo à frente sempre é preciso mais. Vocês vão querer esclarecer pessoas que não querem ver, cujos hábitos arraigados se tornaram automáticos. Isso é trabalhoso e demanda tempo. Apesar de que quando se toca a alma a sensibilidade abre e tudo se modifica. Vocês terão de aprender a tocar as almas. Como cada um têm seu próprio jeito de ser, terão de descobrir como fazer isso.

– Eu pensei que íamos trabalhar com quem está pronto, só esperando um empurrãozinho. Não tinha a pretensão de trabalhar com pessoas muito primitivas. Tenho aprendido que isso é perda de tempo.

– É verdade. Tudo acontece no momento certo. Mas quem de nós sabe quando alguém está pronto? A vida é mágica e sabe fazer isso. Nós não temos essa capacidade. É preciso ficar aberto, sem julgamento, com bom senso e inteligência.

– Com intuição.

– Concordo. Mas o que fazer quando ela não aparece?

– É porque não está na hora.

– Como é que você sabe? Cuidado com o julgamento.

Esse é sempre o perigo maior. Quando lidamos com pessoas, precisamos ser impessoais e isso só é possível sem qualquer julgamento.

– Nós temos os arquivos, as fichas de cada um. Quando autorizados, poderemos conhecer suas vidas passadas, suas probabilidades.

– Mesmo com tudo isso, você sempre pode se surpreender. Por esse motivo, seria oportuno que aprofundassem as pesquisas. Cada um tem um ponto particular que dá acesso à sensibilidade. É isso que precisam descobrir. O que emociona uma pessoa pode não significar nada a tantas outras. Esse é um detalhe importante no trabalho que desejam fazer.

– Sei o que quer dizer. Por causa disso foi que diversificamos nosso projeto.

– Você sabe que quando alguém está maduro esse toque fica mais fácil. Pensou que trabalharia apenas com pessoas que estão vivenciando esse momento. Contudo, nossos maiores entendem que seu projeto terá de ser mais do que isso.

O mundo atravessa um período de turbulência em que os valores estão invertidos. As pessoas desenvolveram crenças erradas, algumas se tornaram revoltadas, enquanto outras ficaram deprimidas. Em ambos os casos, o medo do sofrimento tornou-as indiferentes, confundindo instinto de sobrevivência com egoísmo, optando por um "salve-se quem puder", que transformou a vida na Terra em uma guerra cruel e infeliz.

Nossos maiores acreditam que a arte seja o instrumento mais adequado para despertar essas almas, arrancando-as da ilusão do materialismo, mostrando-lhes as maravilhas da vida e da espiritualidade.

Senti os olhos marejados. Essa era a tarefa que eu pretendia realizar, utilizando todos os recursos da beleza, da forma, do som, das palavras, de tudo o que pudesse tocar o espírito, fazendo-o sentir a grandeza da vida descobrindo que é possível encontrar a felicidade.

Não uma felicidade à moda do mundo, mas um estado de

alma natural, em que a sabedoria inspiradora gera atitudes adequadas e realizadoras.

Saí de lá inspirado e feliz. Reuni meus companheiros e dei-lhes a boa notícia. Logo, o entusiasmo tomou conta e cada um achava que tinha um jeito de tocar as almas.

Eles vinham de experiências diferentes. Havia músicos, cantores, dançarinos, atores, compositores, pintores, arquitetos, paisagistas, escritores, escultores, tudo o que possa ser necessário à criação da beleza em suas múltiplas formas.

Alguns haviam passado desapercebidos na Terra, outros ficaram famosos. Aqui, porém, cada um valia não pela fama, mas pelo empenho em participar, em oferecer seu melhor.

Como líder do grupo, organizei uma comissão para coordenar as pesquisas e procurei agrupar as pessoas por setor profissional, o que confesso não foi fácil.

É que muitos eram tão ecléticos que seria impossível deixá-los em um setor apenas. Depois de muito tentar, resolvemos fazer diferente.

Em vez de organizar pelo setor profissional, decidimos fazê-lo por níveis de intenções. Pedi que fizessem um estudo de como cada um achava que poderia tocar as almas, sensibilizá-las. Que caminhos desejavam seguir.

O entusiasmo cresceu e descobri que estava no caminho certo. Mais tarde, conversando com Jaime, dei-lhe ciência do ocorrido finalizando:

– Estou curioso para ver como se saem. Penso que foi uma boa inspiração.

– Não tenha dúvida. Você usou um recurso que a vida usa sempre, misturando as pessoas para que umas aprendam com as experiências das outras.

– Depois, embora sejamos diferentes, o objetivo é o mesmo.

– Isso é fundamental. Muitas vezes você subestima alguém por parecer menos qualificado, e não raro se surpreende quando ele se sobressai. E como a evolução é um processo gradativo e ninguém pode se capacitar de repente, fica claro que você, ao subestimar, estava redondamente enganado. É por esse motivo que o julgamento é perigoso.

– Compreendo e concordo com o que está colocando. Mas nesse caso, como poderemos delegar responsabilidades sem avaliar?

– Avaliar é uma coisa. Julgar é outra. Em uma avaliação correta, entra toda uma análise de fatos e atitudes, desprovida de idéias preconcebidas. Claro que você não pode delegar responsabilidade sem ter a certeza de que a pessoa é confiável. Em caso de dúvida, é melhor esperar um pouco mais e agir só quando tiver essa certeza.

– O julgamento sempre é ruim. Há pessoas que se entusiasmam com facilidade, confiam sem nenhum cuidado, acreditam em tudo e acabam quebrando a cara.

Jaime sorriu sacudindo a cabeça e concordando:

– Isso mesmo. O julgamento leviano gera problemas graves. Você endeusa uma pessoa, vai além do que ela pode ser e, depois, quando se desilude, deprime-se e revolta-se. Sempre que você faz isso a está prejudicando. Acontece muito nas empresas da Terra. Sem avaliar devidamente, colocam alguém despreparado em um cargo de chefia, que não corresponde, e depois vêem-se na desagradável situação de substituí-lo.

– Isso aconteceu comigo certa vez quando mantinha uma companhia de teatro no Rio de Janeiro. Foi desgastante, principalmente porque o ator era muito diferente do que aparentava e tinha um ponto fraco muito sério. Ele se controlava enquanto julgava que precisava do emprego, mas esse ponto se manifestou quando se julgou por cima.

– Quanto tempo você lhes deu para trazer um parecer?

– Uma semana. Acha que foi muito?

– Se eles conseguirem equacionar um ponto de vista viável nesse espaço de tempo, poderemos considerá-los gênios.

– Acha que deveria estender mais?

– Não. Será proveitosa uma avaliação depois desse

tempo. Vocês estão indo muito bem. E você, como pensa em tocar as almas?

Essa pergunta me emudeceu. Eu havia feito tantos planos, mas naquele momento muitas idéias fervilhavam em minha cabeça.

– Estou pensando. Tenho algumas idéias, preciso trabalhá-las melhor.

– Certamente será em sua área.

– Claro. O teatro sempre é uma ótima opção. Eu mesmo, muitas vezes me emocionei na platéia de um teatro. Contudo, os meios de comunicação progrediram muito. Há outras opções.

– De fato. Mas a base será sempre a mesma.

– Contar histórias que mostrem como a vida funciona, que demonstrem a responsabilidade individual. Ao mesmo tempo, falar do prazer da generosidade, da cooperação, da permanência no bem. Todas as almas, ainda as que se demoram no negativismo, emocionam-se com o bem.

– De fato, esse é o caminho. Tenho certeza de que será um sucesso.

Saí feliz. Como é bom poder continuar trabalhando, pensando, sentindo, amando, sendo útil, aprendendo e vivendo.

Lembrei-me das pessoas que eu amo e que ainda se encontram na Terra e pensei: um dia elas também vão estar aqui, vivas, alegres, felizes.

Que maravilha é a vida! Quanta bondade há no Universo. Como é gratificante viver.

# 3

Sentado em uma poltrona, eu trabalhava tentando montar uma peça de teatro em meu computador.

Eu chamo de computador, para que vocês possam visualizar o maravilhoso aparelho que tenho diante de mim. Embora tenha uma tela em que as imagens aparecem coloridas, possui outras particularidades que fariam o sonho de qualquer internauta do mundo.

Não é preciso digitar. Eu falo e ele registra, não só na forma de texto como de figuras que posso solicitar em várias dimensões.

Além disso, tanto vai para o futuro, mostrando como vão se tornar, como volta ao passado. Essa agilidade me permite trabalhar com segurança.

Claro que os dados colocados são fictícios. Afinal, estou montando uma história e os personagens não são reais. Isso não impede que alguns deles tenham me ocorrido pensando em pessoas que conheci e com as quais mantive contato.

Apesar de utilizar-me desse aparelho há algum tempo, ele ainda me fascina. Claro que algumas vezes, movido pela curiosidade que ainda trago comigo, coloquei nesse computador os dados de pessoas queridas que ficaram na Terra, bem como amigos dos quais não tinha notícias.

Isso eu fiz logo no começo, quando obtive essa prodigiosa máquina, porque depois de algum tempo descobri que ela, embora analisasse as probabilidades, não tinha o dom de prever o futuro com realismo.

Sabem por quê? Porque uma máquina, por mais inteligente que seja, não possui a sensibilidade do espírito nem tem em seu arquivo as lembranças de todas as experiências anteriores.

Nenhum de nós tem ainda lucidez para ter consciência de todas as nossas vivências. Esse arquivo está guardado a sete chaves em nosso inconsciente. Assim sendo, como essa experiência poderia ser colocada em uma máquina dessas por mais instigante que ela seja?

Aí você vai dizer então que esse meu trabalho é pura perda de tempo. Nisso você se engana. Um dos programas que foi colocado nesse arquivo e que veio com o aparelho, refere-se às reações do comportamento.

Eu diria mesmo que é uma verdadeira escola psicológica que funciona em vários níveis de evolução.

Coloco determinado fato e aciono o programa para saber como reagiriam pessoas de níveis diferentes. O assunto é complexo, porquanto cada nível de evolução possui várias faixas e o processo não ocorre por igual.

Não é como freqüentar uma escola em que todos vão gradativamente do primeiro ao último ano. Mesmo porque, ao começar a experiência, temos que colocar informações da ficha das pessoas que queremos estudar.

Acontece que essas informações foram agrupadas por

uma segunda pessoa que pode ter inconscientemente direcionado as anotações de acordo com a sua maneira de perceber as coisas.

No que se deduz que quanto mais impessoal for a pessoa que elabora a ficha, mais probabilidade temos de os resultados serem verdadeiros.

Confesso que esses estudos me fascinam. Eu crio a história, os personagens, o momento, o lugar, a paisagem, o guarda-roupa, tudo, e começo a trabalhar utilizando as variáveis que essa máquina oferece.

Crio a sonoplastia, os diálogos, os cenários, a iluminação e fico imaginando como seria bom se pudéssemos ter essas facilidades no mundo.

Montar um espetáculo seria fácil. Contudo, conheço bem como é o processo na Terra. É preciso ter paciência, coragem e dinheiro para materializar nossas histórias.

Mas, apesar disso, estou ciente da vontade, da garra das pessoas que estão trabalhando nessa área. A sensibilidade do artista e sua dedicação são admiráveis.

Só lamento que muitos, envolvidos pelo materialismo do mundo, ainda usem seu talento, sua força, seu dinheiro, para divulgar idéias negativas fúteis e perversas.

Quando falo de futilidade não estou me referindo às comédias, aos musicais, às pantomimas que levam tantas alegrias às pessoas. Mas a trabalhos que não acrescentam nada a quem os assistem. Que fazem com que as pessoas deixem o teatro com uma sensação desagradável de tempo perdido ou, o que é pior, com uma visão equivocada da vida.

Um espetáculo há que oferecer momentos de prazer. Se for um drama, precisa provocar reflexões, questionamentos, sugerir respostas aos problemas do dia-a-dia.

Se for comédia, há que ter espírito, caricaturar atitudes radicais, mostrar o lado tragicômico de tudo. Isso feito com beleza, capricho, alegria, prazer.

Vocês podem rir quando assistem a um filme brasileiro da

antiga Cinédia, com muita música e piadas, e criticar o primitivismo do nosso cinema daqueles tempos. Mas ainda hoje, quem os assiste, diverte-se, porque eles não tinham muito avanço tecnológico, mas alcançavam seus objetivos e faziam as pessoas saírem dos cinemas de bem com a vida.

A alegria faz bem, torna as pessoas mais tolerantes, estabelece um clima agradável, permite a liberação de energias positivas que atraem amigos, prosperidade e saúde.

Já um drama bem urdido, sensibiliza, faz pensar, perceber aspectos ignorados até então e oferece algumas respostas, facilitando a quem o assiste encontrar novos caminhos na solução dos seus problemas.

Claro que todos os espetáculos influenciam de uma forma ou de outra a quem os assistem. É inútil dizer que uma história deprimente ou violenta não influencie o espectador.

O tanto dessa influência depende da cabeça e da importância que cada um dá ao que vê, mas, no mínimo, e nisso todos estão incluídos, enquanto os estão assistindo ficam energeticamente ligados ao que estão vendo. Quem se impressionar ou der muita importância poderá atrair espíritos perturbados que se aproveitam desses momentos para se ligar a eles.

O que dizer então dos sugestionáveis, dos desequilibrados, que copiam o que viram, esquecidos de que era um espetáculo de ficção, montado pelas divagações do autor, suas ilusões, seu desejo de provocar emoções para obter sucesso?

Se há quem julgue verdadeiras todas as histórias impressas, há os que aceitam como reais todas as idéias materializadas em um filme ou em um espetáculo teatral.

Quando eu estava no mundo, não tinha consciência dessa realidade. Escrevia e montava meus espetáculos com a única intenção de divertir. Havia também o desejo de caricaturar atitudes que eu não aceitava. Era minha maneira de protestar e contribuir de alguma forma com a educação e a melhoria do ser humano.

Mas eu fazia isso inconscientemente. Hoje, tendo aprendido mais sobre as leis de influências, procuro oferecer algo mais construtivo.

Observando a facilidade com que criamos e alimentamos ilusões, acredito que o mais importante é desenvolver o senso de realidade.

Há quem diga que o consumo de drogas que grassa no mundo, expandiu-se porque as pessoas desejam fugir da realidade.

Que realidade? Elas estão fugindo do mundo fantasioso que criaram para si mesmas e estão muito longe da realidade. A inversão dos valores está tão intensa, que raros na Terra conseguem separar o bom do ruim. O que dá bem-estar do que machuca. O que dá felicidade do que causa sofrimento.

Todos querem viver bem. Mas o que você acha que seja bom? Como distinguir os valores falsos dos verdadeiros? Como reconhecer os benefícios que a vida nos concede todos os dias?

Ela faz tudo certo e, apesar da nossa dificuldade em avaliar o que nos acontece, trabalha exclusivamente para nosso bem.

Você duvida? Pode crer que estou dizendo a verdade. Aliás, não é nenhuma novidade. Todos os grandes profetas que viveram no mundo já disseram isso.

Mas acontece que procurar viver bem, deixar de lado as crenças alimentadas durante tanto tempo, analisar novas idéias, enfrentar-se, buscar, tornar-se melhor a cada dia, dá trabalho, requer esforço, paciência e perseverança. Será que você quer?

Diante desse pensamento me pergunto: estou analisando ou julgando um fato?. Confesso que a linha que separa uma coisa da outra é quase imperceptível.

Talvez, se eu conseguir sentir sem me emocionar, apenas observar sem querer rotular os outros, só constatar o que está acontecendo em determinado momento, eu consiga analisar os acontecimentos sem fazer julgamentos.

O fato de não saber quem está pronto para dar um passo à frente, faz com que eu deixe em aberto os resultados do trabalho que me disponho a realizar.

Isso tornará nosso desempenho altruísta sem o risco das tentações da vaidade.

Pensando nisso, um calor brando, agradável me acaricia o coração e sinto como a vida é perfeita. Ela trabalha com tanta sabedoria que, apesar de tantos anos de observação, ainda me surpreende.

A cada dia fico sabendo de histórias complicadas, de solução difícil. O tempo vai passando e de repente, como num passe de mágica, surgem acontecimentos novos que colocam tudo em seus devidos lugares.

Por tudo isso, quando Jaime me garantiu que só a vida conhece quem está maduro para dar um passo à frente, sei que tem razão.

Assim, venho me empenhando em descobrir como ela funciona. Sei que tem uma linguagem própria, só dela, constantemente voltada ao nosso progresso.

Perceber o que ela está nos dizendo, é a melhor chave para a conquista da felicidade. Afinal, não é esse nosso objetivo maior?

# 4

– Posso entrar?

Levantei os olhos, deixando sobre a mesa os papéis com as anotações que estava fazendo e respondi surpreso:

– Claro. Seja bem-vinda.

Estela não fazia parte do meu grupo de estudos, mas eu a conhecia há algum tempo. Aparentava uns cinqüenta anos, era alta, tinha cabelos claros, olhos castanhos, e era muito educada e elegante.

Nós nos encontrávamos socialmente em momentos de lazer, mas nunca havíamos estreitado nossas relações. Ela mostrava-se retraída e eu ainda não tivera oportunidade de uma conversa mais amiga.

Levantei-me para cumprimentá-la, indicando-lhe uma poltrona.

– Desculpe-me vir à sua casa

sem ser convidada. Estive com o Jaime e ele incentivou-me a procurá-lo.

– Não se preocupe com formalidades. Em que posso lhe ser útil?

Ela hesitou um pouco, depois disse:

– Na verdade, estou atravessando um momento muito difícil. Cheguei aqui há cerca de trinta anos, depois de ter vivido setenta na Terra, carregando o peso de um fardo doloroso, que me esforcei para levar com classe.

Ela fez uma pausa e, notando que eu a ouvia com atenção, continuou:

– Até agora tenho trabalhado como auxiliar de enfermagem nos postos de socorro. Desenvolvi esta atividade com muito amor, e esse trabalho tem sido um bálsamo em minha vida, fazendo com que me sinta melhor. Contudo...

Ela hesitou e eu disse:

– Continue.

– Bem, nos últimos tempos não venho sentindo o mesmo interesse. Essa atividade, que sempre me foi prazerosa, tornou-se penosa, cansativa, eu diria até desagradável.

– Tenho observado que você é retraída, quase não freqüenta lugares de entretenimentos.

Estela sorriu. Notei que remoçava cerca de vinte anos quando sorria.

– Essa foi a maneira que encontrei para resguardar minha intimidade. Não soube fazer isso quando vivia na Terra e estou colhendo os resultados até hoje.

– Você dizia que perdeu o interesse pelo trabalho de enfermagem.

– Senti-me culpada por isso. Questionei meus valores de ajuda ao próximo, esforcei-me, aumentando minhas horas de trabalho na esperança de vencer esse sentimento.

– Mas tendo se tornado uma obrigação, você sentiu-se muito pior.

– Isso mesmo. Você sabe que as pessoas chegam ao

pronto-socorro em sofrimento, algumas em péssimo estado. Mas eu as atendia com indiferença. O que me assustou muito foi que comecei a sentir raiva por ter de fazer o atendimento e tratar os pacientes com secura. Por tudo isso procurei Jaime. Ele sempre foi meu conselheiro.

Ela calou-se e vendo que eu a ouvia atentamente, continuou:

– Ele me conhece há muito tempo. Vou contar-lhe o que conversamos. Ele ouviu minhas queixas em silêncio e quando terminei disse:

– Está na hora de dar outro rumo à sua vida. Espero que já tenha resolvido seu problema de culpa.

– Como assim?

– Você chegou aqui se culpando por todos os problemas que enfrentou no mundo. A maioria deles não era sua responsabilidade, mas você tomou sob os ombros fazer a felicidade de algumas pessoas e, como não conseguiu, mergulhou na culpa.

– Mas eu fui culpada de tudo. Só pensava em festas, divertimentos, em tornar-me mais bela, em ser independente.

– Por acaso você traiu seu marido, descuidou dos seus três filhos, não os apoiou quando precisaram?

– Isso não... Mas eles eram problemáticos e eu não levei a sério suas dificuldades.

– Vejamos. Seu marido, o Rubens, era um homem exigente, meticuloso, implicava com o governo, envolvia-se com a arrumação da casa, estava sempre mal-humorado, o que não acontecia quando estava na rua com os amigos. Impacientava-se com seu bom humor, sua natural alegria, sem saber que com ela você sustentava a harmonia do lar.

– Rubens era assim mesmo, mas eu não ligava. Hoje penso que se eu tivesse sido diferente talvez ele tivesse se modificado.

– Engano seu. Apesar de você ajudá-lo, ele mergulhou tanto no mau humor que bombardeou o corpo com energias negativas e acabou danificando o fígado.

– É, ele morreu de cirrose.

– Já seu filho mais velho, o Clovis, era um comprador compulsivo.

– Ele sempre me acusou de avarenta. Mas ele vivia cheio de dívidas e eu queria ajudá-lo. Pagava algumas, tentando ensiná-lo a honrar seus compromissos, mas ele as multiplicava de tal forma que não consegui continuar pagando. Ele acabou na miséria e no alcoolismo.

– O Beto era o oposto. Ambicioso, meticuloso como o pai, sempre tinha dinheiro guardado. Irritava-se com o irmão. Acabaram brigando e ficando anos sem se falar. Já Aninha era ingênua demais. Apaixonava-se com facilidade.

– Quando ela se apaixonou pelo Mario, fiquei preocupada. Ele era viciado em jogo e arranjava dinheiro de maneira estranha. Acabaram se casando. Rubens tentou ajudá-lo, porém, o vício era maior que ele. Quando Rubens morreu, deixou-me recursos para viver pelo resto da vida. Tanto meus dois filhos como meu genro queriam administrar meus bens, mas eu não deixei. Quando eu fiquei doente, cada um me culpou pela sua infelicidade. Fiquei arrasada. Dei-me conta do quanto estava errada por não ter conseguido ajudá-los. Quando me vi desencarnada, não quis abandoná-los e tentei de todas as formas torná-los felizes. Foi ainda pior. Cheguei aqui em péssimo estado.

Ela se calou e eu disse:

– Por tudo isso, quando melhorou, foi trabalhar no pronto-socorro

– Sim, é verdade. Era como se eu estivesse lavando minha alma.

– Você não foi ajudar os outros por amor, mas para tentar aliviar um pouco o peso da culpa.

– Pode ser. Mas então o que mudou? Continuo me sentindo culpada e vendo o quanto fui errada.

– É você que enxerga dessa forma. Jaime não pensa assim. – Disse eu, convicto.

– De fato. Ele me disse que a alegria, o amor ao belo, o prazer nas pequeninas coisas do dia-a-dia são características do meu espírito. Que tanto meu marido como meus filhos, até meu genro, tiveram a oportunidade de conviver comigo para aprender a enxergar as coisas com mais otimismo. Mas pressionados por suas antigas crenças, eles preferiram irritar-se com meu bom humor, atirando sobre mim a responsabilidade de suas fraquezas. Às vezes penso que ele tem razão, mas, ao mesmo tempo, eu amo minha família. Eu eduquei meus filhos e fui incapaz de torná-los felizes.

– Você apesar de tudo continua iludida.

– Não. Estou sendo realista.

– Você está alimentando a ilusão de que poderia fazer felizes todas as pessoas que ama. Isso é impossível. Ninguém nunca conseguirá.

– Se eu tivesse sido diferente...

– Com certeza teria sofrido mais e chegaria ao mesmo lugar. Você não tem essa responsabilidade. Ninguém tem. Em matéria de felicidade, cada um só pode cuidar de si. Claro que você pode dar amor, apoio quando necessário, mas, creia, a ajuda efetiva sempre será difícil. Nós não temos esse poder.

– Você pensa como Jaime. Eu respeito, mas ainda não concordo com algumas coisas. Sabe o que ele me disse com relação ao trabalho de enfermagem?

Sacudi a cabeça negativamente e ela continuou:

– Que eu precisava de umas férias e que durante esse tempo, deveria me divertir, freqüentar festas e, por fim, inscrever-me com você em um projeto de teatro.

– Bem pensado. A interpretação de personagens poderá ajudá-la muito. Você já teve alguma experiência no setor?

– Sim, quando era adolescente, no colégio. Naquele tempo eu desejava ser uma grande atriz. Logo vi que não tinha talento.

Eu sorri alegre. A semente estava dentro dela e eu sabia que poderia frutificar.

Conversamos durante mais uma hora; falei sobre nosso trabalho e senti que ela entusiasmou-se. Depois que se foi, não contive minha alegria.

O trabalho espiritual seja onde for e em que nível for, sempre será um poderoso meio de harmonização e de realização interior.

Naquele instante compreendi que estávamos nos preparando para trabalhar no nível da vida na Terra, mas que o programa era muito mais abrangente que isso e deveria produzir resultados de progresso, onde quer que estivéssemos.

# 5

Na situação conturbada em que o mundo anda mergulhado, eu me pergunto como tratar tantos e diferentes problemas.

Não que eu tenha a pretensão de querer resolver todas as dificuldades sociais que medram na sociedade terrestre, porque sei que não possuo essa competência, mas como cidadão do mundo que continuo sendo, uma vez que ainda voltarei a reencarnar no planeta, sinto-me tocado pelo desejo de contribuir como puder para que as coisas se tornem melhores ainda.

Aqui, na sociedade astral em que vivo agora, vigora a lei da reciprocidade. Quem recebe deve dar. Essa troca é pregada também na Terra, mas infelizmente poucos se conscientizam dela.

É que o medo de perder, ser

enganado, sofrer é ainda muito forte entre os homens. Essa é uma das variáveis que contribuem largamente para a agressividade entre os povos e todos os tipos de violência.

Muitos acreditam que há armadilhas por toda a parte. Vivem desconfiados, ansiosos com o futuro, reagem a toda e qualquer situação por meio da força física ou de outras tantas "vantagens" que pensam possuir, colocando todas as suas energias na defesa de seus interesses pessoais.

Colocam tantas barreiras à sua volta que se transformam em atormentadas criaturas, robôs sem sentimentos de tal sorte que acabam atraindo justamente o que temem.

É triste isso. Eu também, quando vivia na Terra, muitas vezes coloquei-me nessa postura. A educação que recebemos, tanto nos bancos escolares quanto na família, não nos prepara para viver plenamente.

Não vai nenhuma crítica a ninguém por isso. São fases da nossa evolução, em que cada um escolhe seus caminhos, que podem ser mais curtos ou mais sofridos, dependendo de como enxergamos a vida.

Se menciono todas essas coisas é para delinear os rumos novos que desejamos imprimir em nossos roteiros de progresso.

Há séculos circulamos pela vida, na montanha russa de nossas emoções, experimentando situações, altos e baixos, alegria e dor.

Mas o que não podemos negar é que todos nós, de uma forma ou de outra, errando ou acertando, desejamos o melhor, buscamos a felicidade, queremos o bem, a alegria, a beleza.

Esse é nosso objetivo e para isso nos esforçamos. É hora de encerrar esse círculo vicioso em que mergulhamos e buscar uma vida melhor.

Estamos maduros para mudar. Em todas as colônias astrais que circundam a Terra, há um burburinho de renovação e progresso.

Em nossas reuniões, esperanças, projetos, euforia.

Talvez você que está encarnado ainda não tenha notado, mas, mesmo na sociedade em que vive, as mudanças já começaram a acontecer.

Para vê-las temos que enxergar por meio do convencional, do que parece, e mergulhar mais fundo em todas as observações.

A sociedade terrena está vivendo uma época em que não haverá mais segredos. Todas as maldades, as ilusões e as crenças erradas serão reveladas.

É preciso notar que a maldade não é mais tolerada. A vida não permite mais se esconder para corromper, trair, enganar, porque tudo será revelado.

A máscara da crueldade caiu e está mostrando sua face terrível e destruidora.

Atualmente, os homens descobrem o lado escuro que cada um ainda carrega dentro de si, e aprendem que sem reconhecer seus pontos fracos e tratá-los devidamente, não alcançarão seus objetivos de felicidade.

A verdade revelada, vivida e aceita faz nascer a humildade e o reconhecimento dos autênticos valores da alma, sem os quais não haverá realização nem progresso.

A barreira da hipocrisia foi derrubada e a liberdade sexual e cívica deslumbrou a muitos que, acostumados a viver acobertados, mergulharam na licenciosidade, imaginando que ficariam impunes.

Habituados à contenção, eles não conseguiram, de pronto, encontrar o equilíbrio necessário à nova situação de progresso social.

Talvez seja cedo para isso, mas, sem dúvida, nada mais será como antes. A força da vida renova idéias, abre possibilidades e estabelece novos parâmetros de conhecimento, que depois de experimentados não têm mais volta.

Nunca se falou tanto em responsabilidade pessoal e respeito à vida como agora. Nunca os velhos conceitos da ética estiveram tão vivos e lembrados.

É a renovação. É o novo estado de progresso. É a sociedade da Terra caminhando para a regeneração.

Pensando em tudo isso, sinto uma euforia imensa, uma alegria que inunda meu coração de prazer e me motiva a continuar pesquisando, trabalhando.

Eu quero dar minha contribuição para que o mundo se torne melhor. Eu quero me esforçar incansavelmente para contribuir com o que puder a fim de realizar nossos projetos de iluminação e desenvolvimento.

Hoje é um dia de felicidade e luz. Minha alma canta e desejo que você sinta, assim como eu, o prazer de viver, de trabalhar de construir e de amar a tudo e a todos.

Diante de tantas maravilhas, o que pode representar os sofrimentos e atritos das mudanças?

Quem tem a coragem de inovar arca com as críticas dos acomodados que não desejam pagar o preço de um mundo melhor. Esperam encastelados em suas crenças ilusórias e obsoletas, o que nunca acontecerá.

Gastarão tempo e energia, sofrerão os empurrões que a vida oferece aos retardatários, pagarão caro pelo progresso que poderiam ter obtido pela inteligência com mais rapidez e menos sofrimento.

Quando observo a dificuldade que grande parte dos homens ainda tem para aceitar as verdades mais do que comprovadas da reencarnação, da vida após a morte, fico procurando o porquê.

Depois de muito pensar, conversar com mestres do comportamento que vivem aqui, cheguei à conclusão de que é preguiça. Você duvida? É simples preguiça.

Ao nascer, o espírito recebe um corpo de carne cujo cérebro é como um filme virgem, pronto para gravar novas experiências. Nos primeiros anos de vida, esquecido das vidas passadas, ele fica na dependência dos pais e educadores e seu cérebro físico grava todas as afirmações, crenças dos adultos, familiares, professores ou amigos.

É entre os doze ou quatorze anos que o espírito, já com a nova encarnação consolidada, assume a própria personalidade e começa a questionar as idéias que lhe foram impostas como verdade.

Alguns, percebendo quantas crenças inúteis e supersticiosas lhe foram impostas, desejam modificá-las, revoltam-se, desequilibram-se, levando muito tempo para conseguir harmonizar-se. Outros, com bom senso e inteligência, conseguem, por meio da experiência, refazer suas crenças, relacionando-se melhor com as pessoas, tendo prosperidade e alegria.

Entretanto, os preguiçosos acomodam-se. Questionam muitas coisas, mas não querem dar-se ao trabalho de reagir.

Ir contra o estabelecido dá trabalho. É preciso esforço, humildade e coragem.

A história da humanidade está repleta de exemplos dos que inovaram. Alguns pagaram com a vida.

Na minha opinião, inteligente mesmo foi Galileu. Depois de afirmar que a Terra era redonda e se movia, foi preso e obrigado a negar.

Para defender a vida, ele negou. Mas quando o puseram em liberdade ele continuou afirmando:

– Mas ela se move!

Em vista disso, fico pensando: nem sempre é produtivo enfrentar a maioria de maneira frontal. A vaidade humana é tão grande que seria perigoso e inútil.

Há, na sociedade, grupos de pessoas que se julgam mais inteligentes, mais cultos, incapazes de enganar-se. Esses são os donos da verdade. Nunca confessarão que se enganaram.

Mas há, entre os preguiçosos, aqueles menos vaidosos que poderão, aos poucos, pela inteligência, ser auxiliados.

A guerra nunca foi o meu forte. Eu prefiro a inteligência de Galileu. O famoso jogo de cintura. Mas isso não significa mentir, dissimular, fingir que concorda com as crenças erradas e fora de moda.

Não. Eu sinto que o melhor é você falar da sua verdade,

com sinceridade e firmeza, mas ao mesmo tempo não querer convencer os outros nem angariar adeptos.

Não existe nada melhor que o exemplo. Dependendo do interlocutor, uma conversa bem-humorada e sincera é o indicado. Mas com os teimosos, que fazem de uma conversa uma competição, é inútil levar isso adiante.

Pensando na preguiça contumaz de muitos, percebo porque ainda há tanto sofrimento no mundo. É que para sacudir o comodismo há que jogar pesado. E é isso que a vida faz.

Apesar de tudo, continuo firme em meu propósito de cooperar com a vida, trabalhando em favor da conscientização humana.

Quando eu voltar a viver na Terra, gostaria de encontrar uma sociedade mais harmoniosa, mais fraterna, mais feliz.

Se vocês soubessem como é bom viver num ambiente assim, certamente se esforçariam para que as mudanças necessárias ocorressem o quanto antes.

Aqui na cidade astral em que vivo, ainda há hospitais, prontos-socorros, assistência. Significa que muitos, apesar de haverem transposto os portais da morte, continuam sofrendo, necessitando de ajuda, atormentados por problemas emocionais e afetivos.

Isso é natural, porquanto minha cidade está localizada muito próxima à Terra e recebe as almas que deixaram o mundo, nem sempre em harmonia.

Mas há outras cidades, e eu tive a oportunidade de visitá-las. Nessas cidades o amor, a paz, o trabalho ativo e o bem-estar predominam. A beleza é fundamental, a alegria uma constante. São habitadas por espíritos que viveram na Terra, assim como nós, e que evoluíram e agora têm o prazer de viver lá.

Eu gostaria de morar em um lugar assim, mas ainda não pude. Talvez seja porque minha inquietação não me faculte esse prazer. Tenho ainda muito que aprender até que possa desfrutar desse lugar.

Mas sou muito feliz por viver aqui, onde estou, porque se

trata de uma cidade imensa. E, se há lugar de atendimento, se há dor e sofrimento, há também uma população mais evoluída que se esforça para aprender a viver melhor.

Como tenho contado, temos estudo, lazer, mestres maravilhosos com os quais podemos conversar, trocar idéias.

Há bairros, se é que posso chamar assim, uma vez que temos prédios, ruas, jardins, tudo como na Terra, belíssimos, com muitas flores, frondosas árvores, bom gosto e arte.

Aliás, essa é uma característica da nossa cidade, o verde predomina, as árvores são floridas e há jardins por toda a parte.

Os hospitais que recebem os recém-chegados da Terra são cercados de lindos jardins, por onde circulam os pacientes, apesar de que alguns ainda não estão lúcidos o suficiente para apreciá-los.

Mas as energias que as plantas exalam e a beleza que enche os olhos são elementos indispensáveis à cura. A exuberância da natureza, rica em energias vitalizantes, é muito utilizada aqui.

Você que se pergunta como é que no astral pode ter terra, plantas e flores eu digo que, em cada dimensão, há tudo isso, e é palpável para quem tem o corpo adequado a viver lá. Deu para entender?

Já para nós, a Terra tornou-se um lugar etéreo, onde podemos circular através das paredes dos edifícios, como se fossem de fumaça. Como você não está em nossa dimensão, não consegue nos ver.

Olhando tudo isso, agradeço a Deus a possibilidade de poder saber essas coisas. De participar do banquete da vida, sentindo as maravilhas da criação.

Nessas horas, não me furto ao prazer de orar e agradecer a Deus tantas bençãos.

# 6

Sentado diante do meu "computador", se é que posso chamar assim o aparelho que tenho diante de mim, eu tentava registrar uma história que haviam me contado.

Felizmente, como eu já disse, esse prodigioso aparelho faz isso apenas ouvindo minha voz, sem que eu precise digitar nada, coisa que continuo não gostando de fazer.

Ele é tão eficiente que registra não só as emoções dos personagens como também as minhas, no entusiasmo da representação.

É que apesar de não estar no palco, ainda não consigo narrar alguma coisa sem representar os personagens, o que de certa forma é motivo de gozação de alguns antigos companheiros.

Entre eles, é o Vianinha quem

mais se diverte com esse meu costume. Tal qual nos tempos em que trabalhávamos juntos nos teatros da Terra, ele continua a brincar com meus cacoetes, engrossando a voz, tentando imitar um dos meus personagens.

Entre os muitos amigos daqueles tempos, o Vianinha consegue sempre me deixar de bem com a vida. Sou impaciente, mas não mal-humorado. Costumo fazer dessa minha fraqueza motivo de chacota, o que acaba por reverter qualquer momento desagradável.

Comecei a trabalhar, mas de repente senti que Vianinha se aproximava. Essa é uma vantagem do mundo onde vivo agora. Ele não pode mais me surpreender como quando estávamos encarnados.

Dirigi-me à porta e abri sorrindo. Ele aproximou-se, meneando a cabeça, inconformado por não ter conseguido surpreender-me. Entrou e foi logo dizendo:

– Pensei que estivesse trabalhando na nova peça.

– Eu estava.

– Pode continuar, não desejo cortar sua inspiração.

– Estava apenas registrando uma história que Marta me contou. Talvez seja boa para o próximo trabalho.

– Pode continuar. Não quero atrapalhar.

– Não precisa fingir. Você está louco de curiosidade. Mas não vou contar-lhe.

Ele riu contente e respondeu:

– Você está sendo vingativo comigo. Eu agora estou mudado.

– A quem pensa que vai enganar? Depois, para dizer a verdade, prefiro você gozador, caricaturando meus pontos fracos do que com esse ar de menino comportado. Esse papel não lhe cai nada bem.

– Vim aqui para lhe dar uma notícia. Ontem estive com o Alberto que chegou da Terra duas semanas atrás. Lembra-se dele?

– Claro. Era um músico razoável, embora alimentado a

álcool. Tentava distribuir alegria, fingia não ligar para nada. Como ele veio?

– Depressão, tristeza, solidão. Entrou em um círculo vicioso, ficou cada vez mais fraco até que uma pneumonia o trouxe de volta.

Passei a mão pelo queixo em um gesto muito meu, velho hábito que ainda conservo, e disse:

– É a mania que as pessoas têm de olhar a vida pelo lado pior. Em vez de enxergar o bom, o bem, colecionam tudo o que é desagradável. Como ele está?

– Por enquanto em tratamento. Foi socorrido e trazido para cá. Apesar de haver desperdiçado algumas oportunidades de progresso, é um homem bom, de certa forma até ingênuo, o que fez com que muitos abusassem dele.

– A ingenuidade tem um preço muito alto.

– A malícia também.

– Não sei o que é pior. O ingênuo confia em todos, acredita em tudo o que as pessoas dizem. O maldoso vê perigo em toda a parte, atormenta-se, pensando que todos querem prejudicá-lo. O excesso de ingenuidade muitas vezes leva a pessoa a tornar-se maldosa. De tanto ser usada pelos maldosos, a pessoa acaba se tornando um deles na esperança de nunca mais ser passada para trás.

– Tenho aprendido que agir assim é trocar de ilusão. Isso nunca acaba bem.

– De fato. Mas agora ele está tendo a chance de aprender um pouco mais.

– Ele continua procurando culpados para seu drama. Você sabe, o pai abandonou a família quando ele tinha dez anos, apaixonado por uma dançarina do teatro de revista.

– Conheço a história. Ele nunca se conformou. Culpa o pai por tudo. Diz que largou os estudos porque precisou trabalhar para ajudar a mãe e os irmãos. Quando tornou-se adulto, apaixonou-se pela Ismênia e não foi correspondido. Essa foi a gota d'água; passou a culpar a ambos. Mergulhou na bebida para afogar as mágoas.

Vianinha abanou a cabeça concordando, e considerou:

– Que ilusão! Certa vez o surpreendi bebendo na coxia antes do início do espetáculo e fui forçado a impedi-lo de tocar. Envergonhado, tentou justificar-se, reclamando:

– Eu não presto para nada! Minha vida é uma porcaria. A culpa é da vida que colocou em meu caminho um pai relapso e uma mulher malvada. Se meu pai não nos tivesse abandonado, eu teria estudado, hoje não seria tão inútil. Tentei formar uma família com a Ismênia, mas ela não me quis. Preferiu ficar com o Nicolau. Acho que foi porque ele tinha mais dinheiro.

– Ele repetia isso sempre. – Ajuntei eu, penalizado.

– Naquela noite fiquei irritado. Era muita falta de responsabilidade beber antes do espetáculo. Você sabe como eu me esforçava para que tudo saísse bem. A companhia toda estava tentando fazer o melhor. Alguns gostavam de tomar umas e outras, mas o faziam sempre depois do espetáculo, nunca antes.

– Foi por esse motivo que você brigou com ele?

– Foi. No dia seguinte, quando ele apareceu para se desculpar, eu ainda estava zangado. Veio com as mesmas desculpas de sempre, culpando o pai, a Ismênia, a vida, e até Deus. Eu fui impiedoso. Depois até me arrependi, mas naquela hora estava indignado.

– O que você fez?

– Disse-lhe algumas verdades. Chamei-o de preguiçoso, covarde, disse que culpava os outros para não ter de assumir a própria vida.

– O que era verdade.

– Ele a princípio olhou-me assustado. Estava habituado a fazer-se de coitado e receber a simpatia das pessoas que procuravam confortá-lo.

– Essa é uma atitude que reforça a carência.

– Hoje eu sei e acho até que minha atitude foi muito boa. Mas naquele dia eu estava apenas dizendo o que sentia sem nenhuma outra preocupação. Ele me olhava admirado, e eu continuei:

– Chega de culpar seu pai pela sua preguiça. Se não pôde continuar os estudos quando criança, por que não o fez mais tarde quando já trabalhava e, pelo que sei, ganhava bem? Porque não gostava de estudar, acomodou-se, transferindo a responsabilidade para seu pai. Com a Ismênia fez o mesmo. Ela não correspondeu ao seu amor, foi sincera, casou-se com o homem que amava. E você? Por que não procurou outra pessoa para compartilhar sua vida? Certamente, porque gostava da boemia e não estava disposto a desistir dela para cuidar de uma família.

– Você foi duro, mas verdadeiro. Como ele reagiu?

– Rompeu em soluços, chorou como uma criança.

– Aí você amoleceu, sentiu culpa...

– Foi. Senti culpa, mas não amoleci. Estava indignado demais para fraquejar. Não era a primeira vez que ele aprontava, e eu sempre o aconselhando, pedindo que tomasse juízo. Eu não podia prejudicar o desempenho dos outros por causa dele.

– Sei como é isso. Nem sempre é fácil lidar com as fraquezas dos outros. Perdemos a confiança e ficamos sempre de sobreaviso, atentos, a fim de evitar maiores problemas.

– Por fim eu lhe disse que se continuasse a beber antes do espetáculo, seria despedido. Na hora ele concordou, mas continuou a beber.

– Você o despediu?

– Nem foi preciso. Ele foi embora, deixou-nos sem nenhuma explicação.

– Eu soube que ele foi tocar na noite, pelos bares.

– Isso mesmo. O resultado você sabe. Foi ficando mais triste e infeliz a cada dia. Morreu no abandono. Os irmãos cansaram-se dele.

– É triste ver uma pessoa desperdiçar os seus talentos dessa forma. Você foi vê-lo?

Seus olhos brilharam emotivos quando respondeu:

– Há duas semanas mais ou menos, Jaime chamou-me e

pediu-me que eu substituísse um companheiro que precisou ausentar-se. Estranhei o pedido porque não faço parte daquele grupo. Geralmente, quando precisam, escolhem alguém familiarizado com o trabalho.

Eu sorri e considerei:

– Ele sempre sabe o que faz.

– Isso mesmo. Desconfio que ele conhecia minhas diferenças com o Alberto, porque pouco depois de eu ter me juntado ao grupo que atenderia os que haviam sido trazidos do Umbral, divisei o Alberto, amparado por uma enfermeira. Estava abatido, pálido, parecia um fantasma.

– Ele é um fantasma! – Retruquei convicto.

– Eu não me considero um fantasma. Estou bem-disposto, saudável, corado, até mais jovem, assim como você.

– Ele o reconheceu?

– De imediato. Aproximou-se, dizendo admirado:

– Você! Até que enfim encontro alguém conhecido!

– Como vai, Alberto?

Ele fez uma careta tristonha e respondeu:

– Mal. Sou um cara sem sorte. Até para morrer eu sofri. Fiquei na enfermaria da Santa Casa, passei frio, fome, tive febre, delirava e os médicos não me socorriam. Também, eu estava ali de caridade. Não tinha dinheiro para o tratamento.

– Olhei-o sem saber o que fazer. Fazia tempo que eu não conversava com alguém tão negativo. Cheguei a sentir certo mal-estar. Mas reagi. Disse com firmeza:

– Você vai receber ajuda e melhorar, mas com uma condição. Não pode se queixar. Terá de aprender a controlar esse hábito se desejar ficar bem.

– É o que eu mais quero. Estou cansado de sofrer!

– Vou levá-lo a um lugar em que será muito bem atendido, mas tem um porém, sempre que formular uma queixa, voltará a passar mal.

– Eu sabia que tinha alguma coisa. Ninguém dá nada de graça.

– Aqui, não mesmo. Tudo tem seu preço. Se deseja ficar bem, terá de se esforçar para isso. A felicidade é uma conquista e depende apenas de você.

Ele ia objetar. Fixei meu olhar no dele com firmeza e ele se calou. Depois, conduzi-o ao lugar em que deveria ficar.

– Por esse motivo você não tem aparecido. Eu queria mostrar-lhe um roteiro.

– Fiquei por lá. Estive com ele todos os dias até que finalmente pude voltar.

– Como ele está?

– Mais lúcido. No começo tinha repentes de alheamento, mas está melhorando.

– Quando for visitá-lo irei também. Nessa fase ele precisa de alegria. Você sabe, rir é o melhor remédio para a depressão.

– Rir é o melhor remédio para tudo. Estive pensando que poderíamos preparar algum trabalho para apresentarmos no agrupamento onde ele está. É um lugar bonito, mas as ondas de tristeza o tornam sombrio.

– Não sei se seria possível.

– Informei-me. Há lugares de lazer onde se pode fazer música, dançar e, embora seja um simples auditório, poderíamos transformá-lo em teatro. Já que nosso projeto tem como fundamento a mudança interior, a conscientização, poderemos tentar.

– É. Talvez. Disseram-nos que o projeto era para ser implantado na Terra, mas de algum tempo para cá tenho pensado que ele pode ser muito mais abrangente. Aqui ou lá, todos precisamos aprender.

– A vida tem seus objetivos seja onde for. Nós trabalhamos em seu favor.

Senti brotar dentro de mim mais entusiasmo. Depois, talvez seja mais fácil começarmos por aqui. Os que regressaram da Terra há pouco tempo estão sensíveis e talvez mais interessados em aprender.

Quando estamos na carne, temos maior dificuldade de enxergar nossas necessidades. Por isso mesmo nos tornamos mais indiferentes, mais resistentes.

– Vamos pesquisar as características daquele agrupamento e saber as prioridades.

– Pelo que observei, a depressão, a tristeza, a saudade, a falta de motivação, são evidentes. Até nos que estão melhores, nota-se o esforço que fazem para não se deixar envolver pelo negativismo. Terá que ser uma comédia.

– Isso eu sei. Vamos criar personagens com essas atitudes e mostrar o lado caricato de cada um. Adoro fazer isso! Vai ser uma beleza!

– Você escreve e eu trabalho com os atores.

– Nada disso. Escreva seu roteiro e eu, o meu. Depois juntamos tudo. Vamos trabalhar como antigamente.

– Mal posso esperar. Vai ser um sucesso!

– Quando estivermos prontos, conversaremos com Jaime. Ele é quem decide e consegue permissão.

Imediatamente, começamos a trabalhar e nosso coração vibrava de alegria, imaginando os risos da platéia, a transformação de um ambiente triste em um lugar arejado, alegre, acolhedor.

Esse é o trabalho que eu amo, que adoro fazer. É o que traz realização e prazer para minha alma.

Como é bom continuar vivendo, aprendendo e podendo trabalhar!

# 7

Duas semanas depois, encontrei tempo para acompanhar Vianinha em uma visita ao Alberto.

Eu nunca havia ido àquela comunidade e comoveu-me verificar que ela era muito parecida com uma cidade do interior de São Paulo da qual eu gostava muito. Os jardins, os canteiros, as flores, o coreto, as casas simples, as ruas, tudo fazia lembrar a Terra.

A brisa, porém, era mais delicada, o ambiente mais claro, e tanto os jardins como as edificações muito bem cuidados.

Senti saudades da Terra e comentei:

– Que beleza! Parece que voltamos no tempo.

– Não conhecia este lugar?

– Não. É maravilhoso. Transmite calma, paz.

– Para nós. Muitos que estão aqui ainda não enxergam a beleza deste lugar.

Senti vontade de sentar-me no jardim, sob uma frondosa árvore e relembrar o passado. Vianinha notou e observou:

– Vamos indo. Não temos muito tempo.

Respirei com prazer aquele ar agradável e o acompanhei, resignado.

Paramos diante de uma pequena casa de apenas uma porta e uma janela como muitas do Brasil. A porta e a janela eram pintadas de azul e as paredes de amarelo-claro.

Vianinha tocou a campainha e Alberto abriu. Ao ver-me arregalou os olhos surpreso e, em seguida, abriu um sorriso alegre.

– Você veio! Não acredito!

Abracei-o com carinho.

– Pode crer. Sou eu mesmo!

– Como está bem! Parece até que remoçou. Enquanto eu estou um caco. – Suspirou triste e continuou: – também o que eu poderia esperar depois de tudo o que passei? Você teve vida boa, foi mais feliz do que eu.

Antes que ele enveredasse pelo caminho da queixa olhei em volta e adiantei:

– Adorei sua casa e o lugar em que está morando.

Ele baixou a cabeça e respondeu:

– Qual nada. É casa de pobre. Garanto que vocês moram em um lugar melhor. Mas não estou em condições de exigir nada. Estou aqui de favor e tenho que dar graças. Eu estava em um lugar muito pior.

– Você me parece muito melhor. – Interveio Vianinha. – Fiquei sabendo que já começou a trabalhar.

– Por enquanto eu estou aprendendo. Não tenho profissão.

– Você é músico e dos bons. – Disse eu, tentando animá-lo.

– Eu fui. Nos últimos tempos minhas mãos tremiam, não

tinha fôlego. Ainda não consigo tocar nada. Depois, acho que aqui não tem orquestras.

– Claro que tem. – Tornou Vianinha.

– Eu não sei. Estou trabalhando como aprendiz de jardineiro. Eu não sabia nada sobre isso. É um milagre você plantar uma semente e algum tempo depois ela se transformar em planta, dar flores. Quando eu estava na Terra nunca prestei atenção nisso. Mas agora, observando bem, parece-me um verdadeiro milagre.

Sorri contente:

– É um milagre. A vida é mágica e cheia deles.

– Apesar do que eu disse, não acredito em milagres.

– Por esse motivo eles não aconteceram em sua vida. Eles são como as plantas, só acontecem se você plantar.

Alberto fixou-me surpreendido e não respondeu logo. Depois meneou a cabeça e tornou:

– Você está brincando! A planta eu sei que se plantar, cuidar, vai nascer. Como é que alguém pode plantar milagres?

– Da mesma forma que faz com a planta. O que precisa fazer quando vai plantar?

– Bem, primeiro limpar a terra, adubar, deixá-la bem fofa. Aí escolher o tipo de planta. Saber se gosta de sol ou de sombra, se o local em que ela vai ser plantada será favorável para que ela germine e cresça. Aprendi isso nas duas últimas aulas que tive.

– Então, é só fazer o mesmo com o milagre que você quer alcançar. Primeiro tem que meditar, jogar fora todos os pensamentos ruins que o aborrecem, pensar que você merece ser feliz. Quando for plantar, isto é, pedir seu milagre, precisa saber se o que deseja vai fazê-lo crescer, dar flores e frutos. Essa escolha é muito importante e tem que ser muito verdadeira. Porque se você plantar ilusões, a vida vai arrancar da mesma forma que se você plantar na sombra uma muda de rosa que gosta de muito sol, ela vai morrer.

– Do jeito que você fala até parece que acontecer um milagre em minha vida vai depender só de mim.

– Claro que a natureza vai dar uma forcinha, mas o principal é você quem faz. Porque ela tem leis que não mudam e é você que, sabendo disso, precisa agir de acordo com ela.

– Você sempre foi muito sabido. Sou seu admirador, sabia? Não sei de onde você tira essas coisas. Seja como for, um cara como eu nunca vai obter um milagre.

– Pensando assim, não mesmo. Vamos lá. Se agora entrasse aqui um espírito de luz e lhe dissesse: "vim ajudá-lo. Quero que seja feliz". O que você pediria?

Ele passou a mão nos cabelos, meneando a cabeça com incredulidade:

– Comigo não acontecem essas coisas.

– Eu disse: imagine. Será que você é tão pobre que não consegue nem imaginar?

– É difícil. Eu não saberia... A vida inteira quis ser músico. Fui. Adorava tocar. A música me tocava a alma. Mas apesar disso nunca fui feliz. Às vezes penso que tocar me levou a freqüentar ambientes onde rolava muita bebida e isso talvez tenha sido um mal.

– Você está enganado. Eu e Vianinha vivemos nos mesmos ambientes que você e nunca nos viciamos em bebida.

– Mais uma vez você joga a culpa de suas fraquezas sobre os outros, sendo que você é o único responsável por tudo quanto lhe acontece. – Considerou Vianinha.

– Você fala como meu instrutor. Quer me dar uma força que eu não tenho.

– Tanto tem que se tornou um excelente músico e olha que tocar como você conseguiu, poucos conseguem.

– Tocar para mim sempre foi um prazer. Passava os dias tocando, nunca precisei fazer força.

– Aí é que você se engana. Passava os dias tocando porque desejava dominar não só o instrumento como os sons. Claro que colocou toda sua força de vontade porque acreditava que conseguiria, e o resultado apareceu.

– Aprender música pode ser trabalhoso porque é preciso dedicação, leva tempo. Mas eu sabia que um dia conseguiria chegar aonde queria. Mas eu estou me referindo à alegria, felicidade, ao bem-estar. Isso é diferente, difícil de alcançar e não depende de mim.

– Claro que depende. – Tornei com convicção. – Quem é que manda em sua cabeça, é você ou as energias das pessoas que estão em volta?

– Como assim? Não estou entendendo.

– Você está prestando atenção aos pensamentos que lhe ocorrem?

– Isso não é possível! Pela minha cabeça passam os mais diferentes e inusitados pensamentos a cada segundo.

– Como você reage a eles?

Alberto suspirou triste:

– Como posso. Acontece de tudo. Recordo cenas dolorosas do passado, momentos de frustração e desespero que vivi, percebo o quanto fui errado, sinto impotência, culpa. E o que é pior: por mais que doa não tenho como voltar atrás.

– Já eu, quando penso em você, recordo-me de uma noite em que estávamos no palco representando e você fazia um solo como fundo musical. Você conseguiu expressar na música tanta emoção, criou um clima que levantou a platéia. Os aplausos irromperam tão intensos que tivemos de esperar um bom tempo para continuar o espetáculo. Foi um momento inesquecível, lembra-se?

Os olhos de Alberto brilharam emocionados e ele respondeu:

– Claro! Puxa, foi incrível! Naquela noite, brilhei tanto quanto você. Como poderia esquecer?

– Em vez de ficar se lembrando das coisas ruins, por que não se recorda dos momentos bons? – Perguntou Vianinha, sorrindo.

– Eu tive bons momentos, mas passaram, e no fim só restou sofrimento.

– Claro que quando estamos na Terra temos que enfrentar alguns desafios. Mas se você observar bem vai notar que os momentos bons aconteceram em maior número.

Ele ia objetar, mas não lhe dei tempo e continuei:

– Depende do modo como você olha. Já percebeu quanto tempo gastou com medo de coisas que nunca aconteceram? Depois, um minuto de dor, dependendo do modo como você o vê, pode multiplicar-se infinitas vezes.

– Não entendo o que quer dizer.

– Falo de aceitação. Há coisas que não podemos mudar. Aconteceram, doeram, mas não há nada que possamos fazer para modificar os acontecimentos. Quando não aceitamos essa realidade e ficamos ruminando o mesmo fato, estamos multiplicando nossa dor. Quando a deixamos ir, conformamo-nos, esquecemos mais depressa.

– Sem falar – ajuntou Vianinha – que só depois disso é que começamos a notar o quanto aprendemos com essa experiência.

– Parece fácil a vocês – retrucou Alberto, não querendo dar-se por vencido –, porque tiveram uma vida boa, não passaram pelo que passei.

– Como pode avaliar nossa vida? Como pode saber nossos medos, nossos momentos de dor e nossas indecisões? – Perguntei convicto. – Creia, meu amigo, todos estamos experimentando atitudes, escolhas, plantando e colhendo os resultados. Ninguém escapa ao processo de evolução.

– De fato. – Considerou Vianinha pensativo, recordando-se de alguns momentos difíceis que enfrentou no mundo. – A vida nos empurra para frente e não há como resistir.

– É por esse motivo que tanto lá como cá eu procuro resolver rapidamente minhas dificuldades. – Eu disse. – Para ser sincero tenho me dado muito bem. É curioso observar que quando encarnados, vivemos muitos dias sem que nada de extraordinário aconteça e, dentro dessa rotina, não observamos que exatamente esses dias foram os mais felizes.

– É difícil se contentar com uma vida monótona. – Reclamou Alberto.

– Aí é que você se engana. Em um dia como esse, em seus momentos de lazer, você pode escolher fazer muitas coisas que lhe agradam, como ler um bom livro, ouvir música, cantar, bater um bom papo com os amigos.

– Isso é melhor do que ficar entediado pensando nas dificuldades e nas coisas que não têm remédio. – Filosofou Vianinha.

– Pois eu ainda não consigo. Quando não estou trabalhando fico lembrando de todos os meus problemas e tentando resolvê-los.

– Você fica se torturando com eles. Não é assim que vai encontrar a solução.

– Isso me desespera. Ainda bem que consegui um trabalho. Enquanto estou lá no meio das plantas, esqueço de tudo.

– O trabalho é abençoado. – Concordei alegre. – Mas diga, como é a vida nesta comunidade?

Eu queria desviar um pouco o pensamento dele das lembranças desagradáveis e enquanto ele contava suas experiências, eu pensava em como é difícil para algumas pessoas sair do círculo vicioso da ilusão que mergulharam no mundo e perceber que a verdade é muito diferente do que imaginaram.

Seja como for, apesar disso, tenho certeza de que o Alberto vai aprender. Claro que do jeito dele, no ritmo que lhe é próprio.

Saí de lá pensando na sabedoria da vida que sabe trabalhar cada pessoa conforme seu temperamento, criando situações, fatos, experiências que a conduzam seguramente aonde ela deve ir.

Vocês não acham que ela sabe muito mais do que nós?

# 8

A tarde ia morrendo lentamente, enquanto eu caminhava admirando embevecido a beleza da paisagem. Intimamente agradecia a Deus poder viver em um lugar tão lindo e harmonioso.

Eu sempre fui sensível à beleza e mesmo quando no mundo, onde quer que eu estivesse, procurava dentro do possível embelezar o lugar pelo prazer de contemplar o belo, seja aproveitando os caprichos da natureza ou colocando à minha volta coisas bonitas e inspiradoras.

Você pode dizer que isso só é possível no mundo a quem tem dinheiro suficiente para criar um ambiente bonito, repleto de obras de arte etc.

É claro que o dinheiro pode comprar beleza, mas não a sensibilidade para sentir o belo.

Você já entrou num ambiente luxuoso, requintado, dentro das regras do bom gosto, mas que lhe pareceu frio, sem alma?

Enquanto outras vezes, diante de um pôr do sol, de um pequeno canteiro cheio de flores, de uma música bem executada, de uma cena surpreendida entre pessoas que se amam, você sentiu no coração uma satisfação gloriosa, que não dá para explicar?

Quem possui sensibilidade para o belo, sabe transformar tudo o que toca em beleza, tem olhos para ver o encanto e dispor as coisas de tal forma que torna o ambiente acolhedor, amigo.

Essa é uma capacidade do espírito que sabe olhar a vida e extrair dela o que tem de melhor.

Saber ver é uma capacidade que está em todos nós como potencial e, como em todos os nossos talentos, cabe-nos desenvolvê-la.

Quanto mais desenvolvido seu senso de beleza, mais você tem condições de melhorar sua qualidade de vida, valorizar o melhor, procurar o bem em tudo.

Quem tem esse senso mais desenvolvido, torna-se caprichoso no que faz. Muitos começam esse desenvolvimento pela profissão, motivados pela vontade de progredir na vida, usufruir mais conforto, enriquecer.

Dedicam-se atentos e muitas vezes conseguem seus objetivos, mas apesar da satisfação e do progresso conquistado, não alcançam a realização interior.

É preciso lembrar que apesar de viver no mundo e ser válido o desejo de progresso material, a realização interior é um sentimento da alma que deseja muito mais.

Ela quer desenvolver sua sensibilidade para o belo, em todos os sentidos.

É por esse motivo que a natureza valoriza tanto a beleza. Há quem diga que no Universo, o feio mistura-se ao belo. Isso pode ser uma verdade aparente para quem não consegue enxergar além do que parece.

Mas para quem tem sensibilidade, o que parece feio é o complemento do belo tornando-o mais evidente.

Quando vim morar nesta cidade, vi logo que se tratava de um lugar agradável, onde as pessoas procuravam cuidar de tudo com amor.

Fiz novos amigos, reencontrei outros, mas depois de algum tempo notei que alguns tinham mais capacidade para ver as belezas que nos cercam.

Conversando com eles, muitas vezes fui surpreendido pela descrição que faziam de determinados lugares, onde eu já estivera e não vira nada disso.

Protestei. Como eles haviam visto tantas coisas que eu não vira?

Então fomos juntos a esses lugares e aos poucos foram me mostrando pequenos detalhes que eu não notara.

Um antigo morador da nossa cidade, Lourenço, despertou minha admiração. Adoro visitá-lo e conversar um pouco. Com ele tenho aprendido a olhar a beleza e a ver além do que parece.

Será que você consegue entender o que quero dizer? Olhar com os olhos da alma muda tudo.

Contemplar é ir mais fundo, chegando na essência do que se olha. Pode ser um objeto, uma paisagem, um animal, uma pessoa, seja o que for.

Tenho aprendido que cada coisa guarda em sua essência tudo o que ela viveu, sentiu, experimentou.

Tudo tem história, e a cada dia amplia sua gama de memória. Um botânico, por exemplo, pode estudar uma espécie de planta, as mutações que ela sofreu com o tempo, as reações que ela teve diante das variáveis externas e como lidou com isso.

Esse é o lado prático. Todo ser busca a vida, foge do sofrimento, evolui, cresce.

Hoje, por exemplo, enquanto caminho e admiro a beleza da paisagem, quantas coisas sinto, vendo os pássaros em bandos alegres passando ligeiros, os galhos verdes das árvores, levemente oscilando na brisa leve, bebendo os últimos raios do sol que se despede para iluminar outros lugares.

Eu fico pensando o que passará pela cabeça de um ser evoluído, tendo desenvolvido um alto grau de sensibilidade, quando olha um ser humano, um lugar, um animal ou uma paisagem?

Tenho a sensação de que em um segundo ele consegue ver e sentir tudo o que há nos arquivos de cada um e muito mais. Pode perceber as variáveis do futuro, suas prováveis escolhas e reações.

Mas, embora essa seja uma conquista que todos nós gostaríamos de obter, pelo que tenho observado por aqui, ela tem o preço do esforço próprio, da dedicação e da persistência.

Em nossa cidade existem alguns deles, e tenho notado que dedicam largo tempo na contemplação, o que de certa forma pressupõe uma harmonia interior que desde já confesso não possuir.

Gosto de movimento e apesar de já haver disciplinado melhor minha vida interior, é difícil para mim o exercício da contemplação.

Tenho a impressão de estar perdendo tempo, tornando-me preguiçoso. Talvez no fundo ainda guarde resquícios da educação rígida que recebi em minha última passagem pela Terra, na qual, para ser eficiente, precisava estar sempre fazendo alguma coisa útil.

Por outro lado, sempre tive dificuldade de controlar a mente, dominar impulsos, fechar a boca quando é preciso.

Como é que eles conseguiram tanto controle? Para descobrir, inscrevi-me em um curso de um mestre famoso por seu carisma e capacidade, vindo de outra cidade com essa finalidade. Apressei-me em fazer a inscrição, pois ele queria apenas vinte alunos.

Nosso professor era alto, aparentava cerca de quarenta

anos, tinha cabelos castanhos soltos sobre os ombros, olhos brilhantes e alegres, vestia uma túnica de seda cor de palha, calçava sandálias cravejadas de pedras brilhantes e um colar sobre o peito que reluzia e mudava de cor conforme ele falava.

Ele fascinou a todos nós de imediato. Não sei se eram os olhos ou o sorriso. Falou algumas palavras de agradecimento por estarmos ali e imediatamente propôs um passeio, a fim de iniciarmos nossa aprendizagem prática.

Conduziu-nos à beira de um lago em que cada um escolheu onde desejava sentar. Quando nos viu acomodados, deu-nos alguns minutos para contemplarmos a paisagem, findo os quais pediu que cada um relatasse o que vira.

Surpreendi-me com o relato de alguns companheiros, descrevendo detalhes que eu não vira. Nosso mestre intervinha, fazendo-nos repetir a observação até que todos estivéssemos conscientes daqueles detalhes.

Quando todos terminaram a descrição, ele, por sua vez, mostrou-nos alguns detalhes que ninguém havia notado. Abraçou-nos um a um com carinho e encerrou a aula.

Foram apenas três aulas com ele, que nos garantiu que estávamos aptos para prosseguirmos treinando. Quando sentisse que tínhamos assimilado tudo, voltaria para continuar.

Gostaria que vocês sentissem o que é contemplação. Eu que imaginava ser algo estático, descobri que é o oposto.

Quando você deixa de lado tudo o mais e foca a atenção sobre algo, disposto a ver o que é, com naturalidade, vai percebendo coisas, descobrindo detalhes reveladores que vão além das formas aparentes e descortinam a essência.

Nesses momentos, pode-se ultrapassar o tempo, viajando para o passado ou percebendo as muitas probabilidades do futuro.

Confesso que no exercício da contemplação não alcancei tudo isso, mas uma coisa é certa, nossa lucidez aumenta e nos tornamos mais serenos.

Quem se agita, agita também as energias à sua volta e acaba ficando confuso. A conquista da serenidade passa pelos exercícios de contemplação, com certeza.

Depois disso, sinto mais prazer em caminhar pelas ruas, principalmente nesta linda cidade onde vivo agora.

Acho que estou melhorando meu senso de realidade, pois vejo muito mais coisas do que via antes. Sinto-me mais calmo, mais feliz. E, por incrível que pareça, venho conseguindo controlar mais a boca.

Conhecendo minha irreverência, você duvida que eu tenha conseguido?

Pois eu afirmo que sim.

# 9

Na semana passada, quando saía de uma reunião, uma pessoa aproximou-se:

– Não acredito! Você é quem eu estou pensando?

Surpreendido, parei e olhei o homem alto, encorpado, cabelos brancos, rosto simpático, lábios abertos em um sorriso largo que me olhava admirado.

– Não sei...

– Silveira Sampaio! É você mesmo?

– Sim. Sou eu.

– Puxa! Sou seu admirador.

– Obrigado.

– Não faz muito tempo que regressei da Terra. Trabalhei em um Posto de Socorro do Umbral e na semana passada pude me mudar para cá.

– Vai gostar da nossa cidade.

– Por enquanto não conheço

ninguém aqui. Meus parentes, alguns estão encarnados e os outros ainda não sei onde estão. Mas encontrá-lo aqui foi maravilhoso!

Ele me olhava encantado e eu querendo confortá-lo respondi:

– A vida social aqui é muito agradável. Tenho certeza de que em breve fará amigos e se sentirá à vontade.

– Vida social? Depois que recobrei a consciência, morei no Posto de Socorro, onde trabalhei e vivi até agora. Lá é uma comunidade, mas a disciplina é muito rígida.

– Eu sei. É permitido apenas reuniões para estudos. Mas há concertos, shows, cinema.

– É verdade. Mas tudo é bem controlado, permissões para ir, horários. Eles dizem que é para aprendermos a utilidade da disciplina que, quando observada, facilita muito nossa vida.

– De fato. Mas a maioria das pessoas que vive aqui já aprendeu as vantagens da ordem e da disciplina. Por esse motivo, usufruímos mais liberdade.

– Quando cheguei recebi o manual de regulamento.

– É de praxe. Ele nos ensina a conviver em harmonia com todos.

– E se alguém fizer alguma coisa fora do regulamento, o que acontece?

– Será imediatamente descoberto e chamado para conversar com as autoridades. Esse manual foi criado para preservar e manter nosso ambiente em determinada freqüência. Temos sensores que cuidam disso. Quando alguém faz alguma coisa não permitida, interfere nessa freqüência e eles registram. A pessoa é advertida e se persistir, é transferida para outro local.

– Puxa. Isso sim que é controle.

– É muito bom viver assim. Temos liberdade absoluta para o que desejarmos fazer. Só não é permitido interferir no meio ambiente, pois prejudicaria todos os outros. O controle do meio ambiente aqui é muito sério!

– Seria bom se pudéssemos ter um controle assim na Terra. Já pensou?

– Não funcionaria. Aliás, lá não faltam regras e conhecimentos que, se respeitados, poderiam melhorar muito o ambiente. Mas a maioria ainda não aprendeu a utilidade deles. Agora preciso ir.

– Não antes de ouvir o que tenho a lhe dizer. Sou muito agradecido por tudo o que você me ensinou.

– Você também gosta de teatro?

– Teatro? Não. Nunca pude ir. Minha vida na Terra foi pobre. O que ganhava dava para sustentar minha família, sem grandes luxos.

– Acho que me conhece da televisão.

– Televisão? Não. Meu pai me falou que assistia você pela televisão, mas eu era muito criança, não.

– Nesse caso, como me conhece?

– Eu li seus livros! *Bate-papo com o Além*, *O mundo em que eu vivo*!

Sorri alegre. E ele continuou:

– Eu era indiferente. Mas a minha mulher um dia levou o *Bate-papo com o Além* para casa e começou a ler. A princípio não me interessei. Para dizer a verdade essa coisa de espírito não era o meu forte.

– Ela gostou do livro?

– Se gostou? Ela lia e ria, depois me contava com entusiasmo pedaços do livro. Acabei me interessando. Li. Depois fui saber quem você havia sido. Pesquisei e descobri várias coisas sobre você. Mas eu gostei muito das histórias de *O mundo em que eu vivo*. Elas mudaram minha vida.

– Como assim?

– Comecei a ver a vida de uma outra forma e então todas as coisas mudaram para mim. Você abriu minha mente para a espiritualidade. Por esse motivo, quando sofri o acidente e acordei no pronto-socorro, percebi logo que não estava mais na Terra.

– Acreditar na vida após a morte facilita a passagem.

– Foi o que aconteceu. Fiquei triste, mas reagi. Sabia que precisava aceitar e seguir em frente. Depois, minha mulher não ficaria desamparada. Tinha fé. Foi o que aconteceu. Logo eu estava trabalhando no Posto de Socorro. E, agora, fui transferido para cá.

– Você foi promovido. Aqui há vários recursos de ajuda. Tenho certeza de que vai progredir rapidamente.

– É o que mais quero. Quando puder pretendo ajudar meus dois filhos que ficaram no mundo. Só vou quando tiver condições. Tudo isso devo a você. Por esse motivo, encontrá-lo aqui para mim foi um prêmio!

– O mérito é só seu. Foi você que colocou em prática os esclarecimentos que passei. Você mereceu o prêmio, ele é todo seu.

Abracei-o comovido.

– Preciso ir. Mas terei o maior prazer em contar com você em nosso grupo. Apareça lá e o apresentarei a todos.

Ele prometeu ir e eu saí de lá de bem com a vida. Ele pensou ter recebido um prêmio, mas confesso a vocês que quem o recebeu fui eu.

Um trabalho feito com persistência e amor deu frutos e eu me sinto realizado, feliz. Espero que Zibia também esteja.

A vida é mágica. Vocês não acham que tenho razão?

# 10

Alguns amigos que regressaram recentemente da Terra me contaram entusiasmados os últimos progressos da ciência no mundo.

Computadores de última geração, nos quais se pode não só gravar imagens como sons, fazer fotos, retocá-las ao gosto de cada um e, a maravilha maior, um correio eletrônico que coloca o usuário rapidamente em contato com pessoas de qualquer país do mundo.

Claro que eu tinha conhecimento de que um dia isso aconteceria. Quando cheguei aqui e encontrei essas facilidades todas e outras mais, minha imaginação foi a mil.

Deslumbrado, desejei cooperar para que esses conhecimentos fossem logo desenvolvidos no mundo.

Mas fui logo informado de que havia uma programação superior em andamento para esse fim e que em prazo curto estaria em prática.

Para isso havia sido preparada a reencarnação de espíritos com bastante conhecimento técnico, a fim de materializar essas máquinas.

Nesses quase cinqüenta anos que deixei a Terra, o progresso tecnológico tem sido vertiginoso.

Mesmo não tendo colaborado diretamente com esses acontecimentos, fico imaginando a revolução que eles causaram nos costumes.

Recordo-me de quando apareceu a televisão, modesta, em preto e branco, mas ainda assim espetacular, muitas mudanças ocorreram.

As famílias se reuniam diante do aparelho, e os que não o possuíam, eram convidados a assistir no vizinho, o que gerou o curioso apelido de "televizinho".

Agora, com a internet, as distâncias diminuíram e a cada dia aparecem novas descobertas, inclusive em outras áreas do conhecimento, incentivando a busca de novas conquistas que possam beneficiar a qualidade de vida das pessoas.

Finalmente, estão descobrindo que a conquista da felicidade passa pelo conhecimento das leis universais que regem o planeta.

Claro que ainda há muitos que acreditam que as leis físicas sejam as determinantes de todas as coisas e que, portanto, dominá-las significa viver melhor.

Não nego que conhecê-las tem sua função positiva, mas há outros fatores que interferem na programação delas, determinando sua movimentação prática.

Você acha que eu estou complicando? Vou explicar melhor.

Para funcionarem as leis físicas dependem do campo propício. O que significa que precisam de determinadas condições para entrar em ação.

Os fatores a que me referi anteriormente, são os que criam esse campo conforme as necessidades do momento.

Esses fatores se manifestam, tanto no campo coletivo como no individual, e em ambas situações funcionam com bastante precisão.

Entretanto, fica difícil ao pesquisador comprovar esses fatores, porquanto são subjetivos, embora existam, atuem e sejam determinantes.

Fala-se em campos favoráveis e desfavoráveis, registram-se diferentes aspectos e condições, mas ainda não conseguem em suas experiências reproduzir todas as circunstâncias que condicionam uma pesquisa científica, sendo por isso mesmo muitas vezes deixados de lado.

É a inteligência universal que coordena esses elementos, obedecendo seus objetivos de progresso da humanidade.

É por esta razão que eu afirmo: enquanto o homem não aprender as leis espirituais que regem todas as outras; enquanto o materialismo imperar na sociedade humana, embora o progresso científico esteja facilitando a vida, a felicidade será uma conquista distante.

É o conhecimento e a observação da ética espiritual que determinam todas as conquistas humanas, porque conduzem à realização interior, da alegria, paz e felicidade.

As virtudes do bem são qualidades da alma que como essência divina que é, anseia desenvolvê-las. Ela vibra diante de um ato de generosidade, desprendimento, bondade, fé.

Então, por que a maldade ainda é cultivada na Terra? Por que, apesar de pagar um preço caro por elas, as pessoas ainda continuam a agir assim?

Todos sabem que o mal causa sofrimento, mas a grande maioria não consegue afastar-se dele.

Conversando aqui com a maioria dos amigos que voltam da Terra cheios de remorso pelo mal praticado, infelizes diante das conseqüências que estão colhendo, notei que todos sabiam que estavam errados e ainda assim continuaram.

Perguntei-lhes o porquê.

– Eu sabia que estava errado, mas a tentação aparecia e quando eu caia em mim já havia agido mal.

Fiz essa pesquisa durante algum tempo, principalmente nos prontos-socorros dos que regressam e onde prestei serviço. Todos afirmavam a mesma coisa.

Então cheguei à conclusão de que a causa de tudo é nosso pensamento descontrolado. As pessoas acreditam que pensar não tem importância, uma vez que não façam o que estão pensando.

Acontece que, quando alimentado, o pensamento se materializa, toma forma e num momento de indecisão pode impulsionar a ação.

Ultimamente tenho pensado muito em uma máquina que existe aqui em nossas sessões de terapia. É muito eficiente e interessante.

O paciente fica ao lado dela durante uma hora e não precisa fazer nada, pode até estar se ocupando com outra coisa, mas ela registra todos os pensamentos e grava em uma fita.

Tem o curioso nome de "espelho da mente". Quando o paciente tem alguma lucidez, ganha uma cópia para estudar, enquanto o assistente que cuida do caso, fica com outra. Depois conversam sobre isso.

É surpreendente o que podemos descobrir a nosso respeito com essa experiência.

Perguntei ao meu amigo Jaime e ele me disse que essa máquina ainda não chegou à Terra.

Se eu tivesse conhecimento técnico tentaria passá-lo a algum inventor para que a materializasse. Não acham que seria útil?

Mas Jaime me fez desistir, afirmando que eu não saberia fazer isso. Também garantiu que não preciso me preocupar, porque logo ela será descoberta e estará funcionando no mundo.

Isso me acalmou e deixou-me feliz. O dia em que isso acontecer você vai lembrar-se de mim. Tenho certeza!

# 11

Apesar de estar aqui há certo tempo e de ter aprendido muitas coisas, ainda me surpreendo com a sabedoria da vida que dispõe os acontecimentos magistralmente, sempre em benefício de todos os envolvidos.

Quando estamos vivendo na Terra isso se torna difícil, não só porque temporariamente estamos limitados em nossas lembranças, como também porque nossa visão se circunscreve aos acontecimentos do momento atual.

Uma visão mais ampla desses acontecimentos é mais completa quando podemos abranger várias encarnações dos envolvidos e quando temos a oportunidade de acompanhar de perto esse processo.

É fascinante! Muito mais do que se estivéssemos assistindo a um filme. Os fatos se desenrolam diante de nós e, sem querer, nos sentimos participantes, mesmo que as pessoas que os estão vivenciando nos sejam desconhecidas.

É que as energias agem e colocando nossa atenção no que estamos vendo, absorvemo-las. Contudo, isso não acontece de maneira igual para todos. Cada um reage a elas captando maior ou menor quantidade com variações de qualidade.

Como sempre, tudo depende da maneira como você olha as coisas.

Isso se dá, porquanto cada um em seu nível de evolução vive o próprio processo, tendo suas crenças e usando o livre-arbítrio de acordo com suas convicções, que são determinantes das reações energéticas.

Acham que estou complicando? Posso explicar melhor. Se você é dramático, inseguro, pensa que é difícil ser feliz, certamente, diante dos dramas dos outros, ainda que lhe sejam desconhecidos, vai absorver mais energias dolorosas e sofrer muito mais.

Ao passo que uma pessoa mais realista, que acredita na vida, que cuida para não se preocupar com o futuro, porque sabe que tudo vai mudar para melhor, colocada nas mesmas circunstâncias, vai absorver menos energias dolorosas e mais inspiração na forma de ajudar.

Ao tomar conhecimento do drama dos outros, todos nós nos sentimos tomados pela compaixão, desejamos auxiliar de alguma forma.

Aí você vai dizer que sem a lembrança das vidas passadas e diante do sofrimento que grassa no mundo, é difícil aceitar que a sabedoria da vida trabalhe em benefício de todos, sempre para o melhor.

Mas vale dizer que isso só acontece a quem possui crenças limitantes e não consegue enxergar essa realidade.

Como desejava trabalhar nos grupos de socorro aos encarnados, pude freqüentar cursos que me abriram a visão, ajudando-me a observar os fatos de maneira mais realista.

Nessas aulas, recebemos um caso para estudar, com as fichas dos envolvidos podemos visitar alguns arquivos nos quais estão registrados todos os acontecimentos, não só de suas vidas pregressas como das atividades que desempenharam no astral. Sendo que algumas dessas pessoas estão encarnadas, vivendo suas experiências.

Depois, somos colocados diretamente ao lado delas para observar e nos atualizarmos.

Nessa altura, não podemos intervir a não ser transmitir energias de amor e pensamentos positivos.

Conforme vamos nos familiarizando, nossas opiniões são analisadas e conseguimos autorização para intervenções mais objetivas.

Confesso a você que é uma experiência fascinante. Logo, sentimos que simpatizamos mais com uns do que com outros e quando isso acontece, nosso professor intervém.

Claro que antipatizamos com alguém que está mal-intencionado, sendo cruel, enganando, sendo rude, principalmente com uma pessoa bondosa, sincera, ingênua até.

É natural. Sempre torcemos pelo bem. Mas quem deseja auxiliar precisa ir além do que parece e perceber o que está por trás dessas atitudes.

Isso aconteceu algumas vezes comigo e, em todos os casos, o professor provou que eu não estava vendo toda a verdade.

Acabei descobrindo que em todos os casos nos quais o mal aparece é para fazer pano de fundo, a fim de que o bem possa ser valorizado.

Claro que quem escolhe o mal como padrão de vida, vai colher a dor e acabar descobrindo seu engano, mas a sabedoria da vida transforma uma atitude ruim de uma pessoa maldosa em amadurecimento de alguém que precisava dessa experiência para evoluir.

Tudo isso acontece naturalmente. Quem precisa passar

por um processo doloroso, acaba atraindo uma pessoa mais perversa.

Essa sabedoria me encanta, apesar de que a dor não é a melhor escolha. Mas, infelizmente, as pessoas são muito resistentes e ignoram as oportunidades que a inteligência da vida lhes oferece para não sofrer.

É claro que você pode alegar que para mim, com os recursos de que disponho aqui no astral, fica fácil enxergar essa perfeição. Mas eu respondo que mesmo estando limitado pela vida carnal, você pode perceber tudo o que eu mencionei.

Basta observar as pessoas à sua volta e verá como a vida está trabalhando com elas, procurando ensinar-lhes o que precisam aprender.

E se você, como eu, gosta de ajudar os outros, tenha cautela, observe muito, não interfira diretamente, espere que a vida lhe ofereça uma oportunidade que deixe claro a melhor atitude a tomar.

Hoje eu procuro intervir o menos possível na vida alheia. Possuo as minhas responsabilidades pessoais e não desejo arcar com as que não me dizem respeito.

Agora, amor, pensamentos positivos, isso eu posso distribuir fartamente a todos e me atrevo a dizer que o maior beneficiado sou eu mesmo. Sinto-me muito feliz fazendo isso.

Não acha que estou sendo inteligente? Não gostaria de fazer o mesmo?

# 12

A noite estava linda e o céu cheio de estrelas que brilhavam intensamente, povoando minha imaginação de pensamentos loucos.

Olhando o céu enluarado eu me perguntava o que haveria nas outras dimensões, as quais ainda não tive acesso, e nem sei quando terei.

Mas sou um homem progressista, curioso, que adora descobrir os mistérios do universo. Se eu pudesse viajaria por toda a galáxia, conheceria os outros povos que devem viver por lá, trataria de me relacionar com eles para saber tudo.

Fico pensando que se na cidade astral onde resido, há tanto progresso científico e particular, o que encontraria em outras dimensões mais evoluídas?

Talvez você ainda não saiba que mesmo entre as cidades do mesmo nível espiritual há muitas diferenças, seja no sistema social e na organização da sociedade, como no padrão de vida e nas oportunidades de aprendizagem.

Quando descobri isso, discordei. Não achei justo que pessoas do mesmo nível espiritual fossem colocadas em situações tão diversas, sendo que algumas dessas cidades deixam a desejar dentro dos padrões da cidade onde moro.

Por causa disso, fui convidado a estagiar um tempo naquelas que eu julgara menos adiantadas.

A idéia de deixar durante algum tempo minha casa, os amigos e até o trabalho no qual tenho me empenhado, e ir para um lugar estranho, de hábitos diferentes dos meus, não me agradou muito.

Conversei com Jaime:

– Acho que não vou aceitar o convite.

Ao que ele respondeu:

– Pois eu penso que deve aceitar. Será uma boa experiência, vai ajudá-lo muito em seus projetos. Você não pode esquecer que embora essas pessoas estejam vivendo em um meio um pouco diferente do seu, fazem parte da humanidade terrestre. Um dia, tanto quanto nós, elas voltarão a reencarnar na Terra.

– Talvez você tenha razão. – Comentei pensativo. – Vou pensar melhor.

– Pense e se resolver ir procure trabalhar um pouco o julgamento.

Olhei-o surpreendido:

– Por que diz isso? Acha que ainda não deixei esse velho hábito?

Ele sorriu alegre e considerou:

– Eu pedi apenas para meditar um pouco sobre esse tema. Tente descobrir por que, ao conhecer como vivem as pessoas nessas dimensões, você ficou tão contrariado.

Naquele instante senti como se uma campainha soasse chamando minha atenção.

Até então eu me sentia seguro do progresso alcançado e acreditava, sem falsa modéstia, que havia conseguido vencer alguns pontos fracos que faziam parte da minha personalidade quando estava no mundo.

Querendo que ele fosse mais claro retruquei:

– Em que você se baseia para me dizer isso?

– É que você emitiu uma opinião sem nunca ter estado lá.

Nessa hora entendi. Ele estava certo. Eu fiz um julgamento sem pesquisar a fundo por que elas foram chamadas a viver lá e quais os resultados dessa experiência.

Então, dentro de mim brotou uma vontade forte de ir a esses lugares, de saber mais, descobrir até que ponto o meio, a convivência, o sistema social, interferem em cada um e de que maneira.

– Você tem razão. Vou pensar melhor sobre o assunto.

# 13

Depois de muito pensar, procurei o amigo Jaime:

– Aquela oferta de estágio ainda está de pé?

Ele sorriu:

– Claro. Aonde deseja ir primeiro?

– Em Alverne. Pelas informações que colhi, essa é uma das cidades cuja organização mais me chocou.

– É um bom começo. Você terá um mês para fazer parte daquela sociedade. Sabe que lá não terá o conforto nem o mesmo progresso tecnológico daqui. Tem certeza de que quer começar por Alverne?

– Tenho. Quem vive lá está no mesmo nível espiritual que nós, talvez eu possa levar-lhes algumas informações práticas que os ajude a viver melhor.

– Não se iluda. Se eles estivessem prontos, a vida já teria se encarregado disso. É você que precisa entender por que as coisas lá são assim.

– Sei disso. Não consigo entender que embora tenham progredido ainda vivam em uma cidade tão atrasada.

Jaime sorriu e seus olhos brilharam maliciosos quando respondeu:

– É bom você saber que não poderá voltar antes do prazo. Uma vez lá, deverá ficar o tempo programado.

– Já fui informado. Seja como for, estou preparado.

– Está bem. Vou informar nosso correspondente de lá que você irá. Ele vai recebê-lo e se encarregar de sua instalação e de todas as providências necessárias.

– Quando deverei partir?

– Dentro de dois dias deverá passar perto daqui um comboio que recolhe os desencarnados na crosta terrestre e os leva a Alverne. Vou entrar em contato e marcar um local onde eles vão apanhá-lo.

– Dois dias, terei tempo de preparar minha bagagem.

– Nessa viagem não poderá levar nada daqui.

Surpreendido objetei:

– Eu gostaria de levar material para pesquisa.

– Não será possível. Mas Otaviano cuidará para que nada lhe falte. Como eu disse, ele é nosso correspondente e, além de chefe de um grupo naquela cidade, faz parte do conselho diretor.

– E se lá não tiver o que preciso?

– Terá de arranjar-se com o que encontrar.

Meneei a cabeça com certa preocupação. E Jaime continuou:

– Onde está sua criatividade? Depois, lembre-se de que, embora haja diferenças materiais e até comportamentais, você estará entre pessoas do mesmo nível espiritual que temos aqui.

– É... Mas eu tinha pensado em levar pelo menos meu computador.

– Não é compatível. Depois, se quer entender o porquê de eles viverem daquela forma, terá de tornar-se um deles.

– É. Faz sentido. Bem, então está combinado. Basta apenas me dizer a que horas devo estar pronto.

– Vou tomar as providências e assim que estiver tudo arranjado, avisarei você.

Fui para casa e convoquei alguns participantes do nosso grupo, encarregando-os das providências que deveriam tomar durante minha ausência.

Com tudo pronto, só me restava esperar pela hora da partida.

No dia marcado, Jaime me avisou que logo mais, às dez da noite, eu iria ao encontro dos viajantes para Alverne.

Pouco antes de partir, olhei em volta. Aquela casa tinha já a minha cara. Tudo estava disposto do meu jeito. Os livros espalhados sobre a mesa, o computador que obedecia a minha voz, escrevendo tudo, a cadeira confortável onde eu lia. A decoração que Marta me ajudara a fazer e que eu mudava conforme meu humor, os vasos cheios de flores, os quadros que eu escolhera e gostava de ficar olhando de vez em quando...

Até os chinelos macios e folgados que eu gostava de calçar, mesmo sem necessidade, mas que me davam uma sensação de conforto deliciosa.

Vocês podem estranhar que eu, apesar de estar no astral há tantos anos, ainda conserve os mesmos hábitos que tinha quando vivia no mundo.

Acho até que haverá os que vão duvidar do que estou dizendo, mas me conforta saber que um dia eles também virão para cá e descobrirão que aqui a vida continua, quase igual ao que era na Terra.

A diferença é que aqui nos tornamos mais sensíveis e muito mais rápidos. Tanto que no começo, torna-se difícil controlar as atitudes. Os pensamentos, conforme o tanto de energias que colocamos neles, tomam forma rapidamente, tornando-se vivos.

Tanto que muitos recém-desencarnados ao verem suas formas pensamentos, acreditam que sejam organismos com vida própria e não criação deles mesmos.

Eu acredito que esse controle seja o mais difícil de conseguir, quando depois da morte do corpo físico regressamos ao astral.

É por esse motivo que os mensageiros encarregados de auxiliar as pessoas encarnadas, estão sempre aconselhando para que aprendam a controlar o pensamento e comandar a própria cabeça.

O que dizer então daqueles que odeiam, perseguem, vivem na maldade? É triste, mas muitas vezes os temos visto ainda encarnados, no emaranhado de formas pensamentos horripilantes, das quais gastarão muito tempo para se livrar.

O que dizer da loucura? Eles não estarão vendo apenas as formas pensamentos que criaram? É bom lembrar que sempre terão um reforço das entidades que pensam igual e que certamente os envolvem, tentando explorar-lhes as energias.

Mas deixando de lado essa circunstância, a cidade onde estou morando agora, poderia ser comparada a um bairro de luxo. As largas ruas são arborizadas, as casas graciosas, os jardins cheios de flores.

O ar é mais leve que na Terra, e o ambiente mais claro que um dia de sol. A brisa é suave, as noites são lindas e podemos também ver a lua e alguns planetas.

A maior diferença está nas pessoas. Há os mais motivados, alegres, os introspectivos, sisudos e os sorridentes. Os amáveis e os discretos. Mas todos se esforçando para cuidar de si mesmo e não dar trabalho a ninguém.

Estava na hora de ir. Lancei um olhar agradecido sobre aquela casa que me abrigava, saí e fui ao encontro de meu amigo Jaime.

A noite estava linda e eu, apesar de saber que ia para um lugar diferente do meu, sentia o prazer da aventura.

Vendo-me entrar Jaime tornou:

– Está quase na hora. Vou acompanhá-lo até o local.

Ele segurou no meu braço e fomos volitando pelo espaço. Rapidamente nossa cidade ficou para trás, e apenas a luz da lua nos mostrava o caminho.

Depois de algum tempo avistamos uma estrada com uma luz amarelada:

– É aqui. Não devem demorar. Vamos esperar.

Eu olhei em volta, mas ao redor só havia escuridão. Pouco depois, vislumbramos dois faróis que se aproximavam. Não havia nenhum ruído.

Então pude ver um enorme vagão, parecido com os de trem, mas sem rodas, que parou à nossa frente. Uma porta se abriu e Jaime disse:

– Pode entrar. Deus o acompanhe.

Entrei e olhei em volta. Iluminado fracamente por uma luz amarelada, havia assentos, todos ocupados por pessoas de vários aspectos.

Alguns dormiam recostados, outros, apesar dos olhos abertos pareciam alheios ao ambiente.

Uma voz que não sei de onde veio disse:

– Sente-se. Vamos partir.

Sentei-me no único lugar que estava vazio. Sentia uma enorme curiosidade, vontade de conversar com aquelas pessoas, mas assim que me acomodei, uma sonolência tomou conta de mim. Sem saber como, adormeci.

Acordei e olhei em volta tentando situar-me. Não sei quanto tempo dormi, mas vi que ainda era noite e continuava sentado naquele veículo, viajando.

Tudo continuava igual, mas, instantes depois, vislumbrei uma luz amarelada e um enorme portão que abriu quando nos aproximamos.

Agora, apesar da luz fraca eu podia ver a paisagem. Estávamos em um grande parque, cheio de árvores que se enfileiravam nos dois lados da estrada.

Depois, apareceram algumas construções, que me pareceram familiares, porquanto eram muito semelhantes às que existiam no meu Rio de Janeiro, nos alegres anos da minha infância.

Uma onda de entusiasmo me invadiu. Aquela aventura prometia ser melhor do que eu podia esperar.

Finalmente, paramos em uma estação. Em uma placa pintada estava escrito: ALVERNE.

A lateral do veículo se abriu de ponta a ponta e a mesma voz que me mandara sentar, convidou-nos a descer. Levantamo-nos e fomos saindo devagar.

Notei que meus companheiros de viagem continuavam um tanto alheios. Na plataforma havia algumas pessoas que se aproximavam deles, segurando-os pelo braço e levando-os para outro veículo estacionado próximo.

Um homem de estatura média, usando um terno escuro, gravata, à moda do mundo, aproximou-se de mim estendendo a mão e dizendo:

– Você deve ser o Silveira Sampaio. Eu sou Otaviano.

– Sim. Prazer em conhecê-lo. – Respondi, apertando a mão que ele me oferecia.

Ele aparentava cerca de cinqüenta anos, era forte, tinha o rosto enérgico, queixo quadrado, testa larga, lábios grossos e usava óculos. Por instantes me perguntei se estava diante de uma pessoa encarnada.

– Fiquei emocionado quando Jaime me disse que você desejava conhecer nossa cidade. Fui seu contemporâneo na Terra e seu admirador. Assisti a muitos dos seus programas na TV.

– Bons tempos aqueles! Você morava no Rio?

– Sim. Deixei a Terra em 1975. Fiquei triste quando você desencarnou. Mas vamos falar de coisas alegres. Espero que goste da nossa cidade.

– Quero conhecer tudo.

– Jaime disse que veio estudar nossos costumes. Sinto-me honrado com sua presença e me coloco à sua disposição para o que precisar.

– Obrigado.

Deixamos a estação e fomos andando por uma rua larga, arborizada, onde havia alguns casarões, se é que posso chamá-los assim, assobradados, sempre com jardins à volta, e embora fossem diferentes entre si, lembravam a arquitetura do começo do século vinte no Brasil.

Eu sabia que Alverne era uma dimensão astral cujos habitantes eram em grande maioria de pessoas que regressavam do Brasil. Havia núcleos de outros países da América do Sul e os imigrantes da Europa que, tendo vivido no Brasil seus últimos anos, haviam se ligado a esta cidade.

– Olhando essas casas, sinto muita saudade da Terra. – Murmurei.

– Tudo por lá está mudado. Essas coisas modernas são feias, sem graça. Eles dizem que é o progresso. Mas a verdade é que em nosso tempo havia mais respeito, tranqüilidade. As pessoas tinham tempo para conversar, sentar-se na calçada, conhecer os vizinhos.

– Olhando por esse lado... – Comentei surpreso. – Será que havia encontrado a razão daquela cidade ser como era?

– Nós somos conservadores. O excesso de conforto favorece a acomodação. Em nossa comunidade, quando nosso conselho diretor deseja introduzir alguma novidade, o povo não permite. Gostamos da nossa vida.

– Vocês não têm curiosidade de conhecer os progressos da ciência?

– Depende. Se somos felizes como estamos, por que vamos querer mudar? A vida inteira procuramos conquistar a felicidade. Não é isso o que importa?

– É. – Respondi convicto.

– Então, para que ir atrás das novidades? Elas podem confundir nossa cabeça, fazendo-nos desejar coisas das quais não precisamos. Não é o que está acontecendo no mundo todos os dias? Lá, as pessoas sentem-se infelizes se não podem comprar todas essas novidades. Estão sempre insatisfeitas, não aproveitam as coisas boas que já têm. Aqui, não queremos nada disso.

Não é que ele estava certo? Por alguns instantes sua lógica quase me convenceu de que o progresso é um mal. Dei-me conta de que se eu fosse por aí, acabaria voltando à idade da pedra.

Logo eu, que me considero pra frente, querendo sempre o melhor...

De repente, Otaviano parou, colocou a mão no meu braço e perguntou:

– Eu achei que o amigo desejava caminhar para conhecer um pouco da cidade. Mas deve estar cansado e desejando ir para a casa descansar.

– Não estou cansado. Dormi no caminho.

Otaviano sorriu e respondeu:

– Claro. Você veio no comboio.

– Como assim?

– Esse veículo transporta os recém-desencarnados, por esse motivo possui alguns recursos. Ao tomar assento, você abre um dispositivo em que há um sonífero.

Eu sorri alegre:

– Esse é um recurso científico.

– Claro. Mas é um bem necessário. Contam que antigamente, esse transporte ocasionava muitos problemas entre os viajantes. Alguns, ainda muito ligados às emoções que viveram no mundo, não se controlavam. Brigavam, discutiam, queriam ensinar os outros, enfim, era uma confusão. Então, nosso conselho diretor decidiu implantar esse recurso e desde essa época, tudo ficou bem.

– De fato, é maravilhoso. Eu dormi e acordei na chegada, bem-disposto e descansado.

– Embora não esteja cansado, é melhor irmos para casa. Engracia deve estar ansiosa a sua espera.

– Quem?

– Minha esposa. Vamos embora.

Ambos nos elevamos e volitamos sobre a cidade adormecida. Eu olhava embevecido para as luzes que brilhavam embaixo, quais pirilampos acionando minha curiosidade.

Eu estava iniciando uma jornada nova. Não sabia bem o que iria encontrar nem o que aconteceria nesse tempo que deveria viver ali, mas eu estava disposto a aproveitar muito bem essa estada.

A um sinal de Otaviano, descemos em uma rua larga e arborizada. Olhei em volta e notei as casas térreas, com jardim na frente e varanda.

O que as diferenciava eram as janelas e a arte com que haviam sido construídas, algumas com jardineiras embaixo, outras com caprichosos relevos ao redor ou em volta do telhado, e a cor de suas paredes.

Elas fizeram-me recordar a cidade de Petrópolis, onde eu costumava ir com minha família durante as férias escolares.

– Que lugar agradável! – Murmurei admirado.

– Concordo. Eu e Engracia agradecemos todos os dias por morarmos aqui.

Ele parou diante de uma delas dizendo:

– Chegamos. Vamos entrar.

Acompanhei-o contente. Uma senhora nos esperava na varanda, sorrindo. Era baixa, forte, tinha o rosto redondo, lábios grossos, grandes e expressivos olhos castanhos.

Assim que nos viu aproximou-se, dizendo:

– Que prazer recebê-lo, dr. Silveira!

– Encantado. – Respondi, apertando a mão que delicadamente ela me estendia.

– Desde que soube que viria, ela não falava em outra coisa. – Esclareceu Otaviano.

– De fato. Estou muito contente com sua visita.

– Vamos entrar.

Acompanhei-os satisfeito. Senti que ela estava sendo sincera e fiquei sensibilizado. É difícil explicar o que estava acontecendo comigo.

Aquela cidade fazia-me recordar a infância, a adolescência, até meus anos de juventude. Parecia que havia voltado no tempo.

Sentamo-nos na sala mobiliada com simplicidade, mas com capricho. Havia vasos com flores que perfumavam suavemente o ambiente.

Engracia nos serviu um delicioso refresco. Comentei sobre o agradável perfume das flores e ela contou-me que as cultivava em uma estufa, atrás da casa.

– Quando viemos para esta casa não havia nada plantado. Nem aqui nem nas outras casas. Apenas uma espécie de graminha sem graça e inodora. Eu adoro flores. Quando vivia no mundo, elas nunca faltavam em minha casa.

Ela fez ligeira pausa e, vendo que eu a escutava atentamente, continuou:

– Eu resolvi plantar alguma coisa, mas os vizinhos me disseram que seria inútil, que alguns haviam tentado, porém o clima não permitia. Inconformada, resolvi estudar. Matriculei-me em uma das nossas universidades e fui aprender biologia. Depois de analisar o solo e o clima, construí a estufa e comecei minhas experiências. O resultado é visível.

– De fato, observei que há lindos e floridos jardins em todas as casas.

Otaviano olhou para a esposa com os olhos brilhantes e comentou:

– Engracia tem mãos divinas. Tudo o que ela faz é maravilhoso.

Ela sorriu alegre e respondeu:

– Não é isso não. A natureza é maravilhosa. Tem tudo o que precisamos, agasalha-nos, alimenta e cura, só precisamos estudar suas leis e encontrar o caminho.

Conversamos durante mais algum tempo. Eu me sentia bem-disposto, muito à vontade naquele ambiente simples e bastante acolhedor.

A certa altura, Otaviano tornou:

– Você deve estar querendo descansar. Vou levá-lo à casa onde deverá ficar.

Concordei e despedi-me de Engracia, após prometer voltar para conhecer sua estufa e suas experiências.

Saímos. O dia estava amanhecendo, colorindo o céu de diversos matizes que iam do lilás ao rosado, vestindo a paisagem de uma beleza delicada e agradável.

– Que lindo! – Murmurei sensibilizado.

Ele concordou com a cabeça e tornou:

– Vamos caminhando, é perto.

Fomos andando e eu não me cansava de admirar a beleza do lugar; a brisa leve que nos acariciava provocava uma grande sensação de bem-estar.

Duas quadras depois, paramos.

– É aqui. Vamos entrar.

Era uma casa térrea, construída no meio de espaçoso jardim, cujas flores me encantaram de pronto. Havia algumas diferentes que eu nunca tinha visto.

– Que beleza! – Exclamei admirado.

– Esse jardim é o resultado de algumas experiências de Engracia.

– Eu não conhecia aquelas azuis. – Apontei curioso.

– Essas são criação dela. Já ganharam vários prêmios, não só em nossa cidade. Cientistas de várias dimensões têm vindo conhecê-las.

– São lindas. Irradiam uma energia serena e transmitem muita paz.

Atravessamos a varanda e Otaviano deu seu nome; a porta se abriu. Entramos no hall e os ladrilhos portugueses do piso me encantaram.

Otaviano explicou:

– Esta casa foi projetada por um português que em sua última encarnação viveu muitos anos no Brasil. Assim que veio para cá, depois de viver muito tempo em outra cidade, mais perto da crosta terrestre, conseguiu permissão para fazer sua casa. Ele estava saudoso de sua juventude em Portugal onde se casou. Algum tempo depois o casal mudou-se para o Brasil em busca de uma vida melhor.

– A colônia portuguesa no Rio de Janeiro era muito grande.

– De fato. Eles trabalharam duro, estabeleceram-se com um armazém de secos e molhados, criaram quatro filhos. Ele desencarnou antes, mas desde o primeiro momento só pensou em receber a família, quando chegasse a hora.

– Ele conseguiu?

– Não. Contudo, Joaquim nunca deixou de acompanhá-los em seus problemas, sempre que podia. Eu o recebi no dia em que chegou a Alverne.

– Você recebe todos os que chegam?

– Não. Apenas os que vêm para viver na zona em que sou o responsável. Joaquim, desde que chegou, trabalhou duro até conseguir construir esta casa. Maria, sua esposa, estava para desencarnar e ele tinha esperanças de poder trazê-la para cá.

– Deu tempo de acabar a casa?

– Deu. Ela, porém, demorou mais do que ele imaginava. Por se tratar de uma mulher muito boa, caridosa, sempre disposta a ajudar os outros, ele acreditou que ela teria créditos para vir direto para cá. Mas não aconteceu assim.

Nós havíamos caminhado até a sala, mobiliada com conforto e uma elegância discreta. Percorremos a casa que, além de uma grande sala de estar, possuía três quartos, uma cozinha para preparo de alimentos e uma sala íntima para higiene pessoal.

Parece que estou vendo vocês balançarem a cabeça duvidando do que estou dizendo. Mas é verdade. Os desencarnados se alimentam. Não à moda de mundo. Claro que de acordo com as necessidades do nosso corpo astral.

O perispírito não vive apenas de prana, mas de elementos encontrados também nos alimentos que são consumidos na Terra. Quando estamos encarnados, extraímos dos alimentos que ingerimos no dia-a-dia, não só as substâncias necessárias ao nosso corpo físico, mas também as que o corpo astral necessita.

É por esse motivo que quanto mais natural for a alimentação, mais elementos oferecemos ao nosso corpo astral, incluindo vitalidade e saúde.

A natureza tem tudo o que precisamos para manter a saúde. A doença é fruto da nossa falta de conhecimento, do mau uso que fazemos dos alimentos, dos excessos que cometemos na alimentação e do descontrole de nossa mente.

A vida na Terra é uma continuidade da vida no astral e vice-versa. Quem vive na faixa da reencarnação, como nós, mesmo fora da carne, precisa manter os elementos do corpo astral em funcionamento, uma vez que precisará deles quando tiver de voltar à Terra.

Não se admire ao saber que nas dimensões próximas ao planeta, os espíritos exercem as mesmas funções que tinham no mundo.

A diferença está apenas nas condições da matéria que, mesmo possuindo as mesmas características, são mais leves e mais adequadas às dimensões e às necessidades de quem vive nelas.

– Gostou da casa?

– Muito. Mas e o Joaquim?

– Ele acabou a casa, ela desencarnou, mas ficou retida no Umbral. Joaquim pediu-me para interceder. Fui vê-la, mas não consegui nada. Muito religiosa, querendo ganhar o céu, fazia tudo para ajudar os outros.

– E esqueceu de si mesma. Já vi muitos casos assim.

– São casos difíceis. Pensam que serão poupadas pela vida por terem ajudado a muitos, julgam-se imunes ao sofrimento e, ao chegarem aqui, percebendo o engano, revoltam-se. Foi o que aconteceu com Maria. Estava em péssimo estado. Tentei fazê-la entender que a ajuda aos outros só funciona quando é inteligente e não prejudica quem a faz. Granjeia-nos a amizade deles, é verdade, mas não acrescenta nada ao nosso progresso pessoal. Nós encarnamos para aprender a lidar com nossas emoções e comandar nossa vida. E isso está em primeiro lugar.

– Por esse motivo, tenho medo de religião. Elas pregam meias verdades, oferecendo recompensas a quem fizer o que elas pregam. As pessoas seguem tudo, fanatizam-se, certas de que estão se libertando dos sofrimentos. Quando a verdade aparece, não querem aceitar.

– Com Maria foi pior. Intrometeu-se na vida dos filhos, dos amigos, tentando resolver todos os problemas deles, criou confusão. Pagou caro por isso. Julgou-se uma mártir, vítima da ingratidão de todos. Amargurada, passou anos doente, queixando-se. Acabou sozinha.

– Passar por cima da sabedoria da vida, sempre acaba mal.

– É verdade. Mas Joaquim não desanimou. Continuou tentando ajudá-la como pôde. Quando ela finalmente enxergou o que havia feito de sua vida, aceitou a ajuda que lhe oferecemos. Mas, apesar disso, ela não conseguiu alcançar o padrão energético que lhe permitisse vir residir aqui ao lado de Joaquim.

– Nem sempre as coisas acontecem como gostaríamos.

– Ela se preparou para reencarnar e, mesmo sabendo que devido às circunstâncias, sua vida seria cheia de dificuldades, aceitou.

– Era de se prever. As dificuldades representam o maior incentivo para desenvolver a criatividade é aprender a usar a própria força.

– Joaquim queria reencarnar também para ficar ao lado dela, mas não obteve permissão. Então se engajou em uma equipe de socorro que trabalha diretamente na crosta para acompanhar todos os passos de Maria e ajudá-la como fosse possível.

– Você acha que ela, desta vez, depois de desencarnar, conseguirá vir para cá?

– Não dá para saber. Tudo foi disposto para isso, mas o resultado depende exclusivamente dela.

– Faço votos que ela consiga.

– Joaquim encarregou-me de lhe pedir desculpas por não estar aqui para recebê-lo. Ele tem trabalhado muito. Às vezes permanece na crosta dois ou três meses sem voltar.

– Sei como é. Já trabalhei em uma equipe dessas.

– Mas ele deseja que aprecie sua estada e faça de conta que está em sua casa.

– Eu gostaria muito de conhecê-lo. Será que ele voltará enquanto eu estiver aqui?

– Vou verificar e responderei depois. Fique à vontade, descanse. Mais tarde voltarei para levá-lo a conhecer alguns lugares interessantes.

– Obrigado. Estarei esperando.

Depois que ele se foi, olhei em volta para me familiarizar com o lugar. Fui para o quarto, abri um dos armários e encontrei roupas, iguais as que eu usava quando estava vivendo na Terra.

Sorri ao reconhecer uma camisa de linho que era a minha preferida quando ensaiava os personagens para minhas peças de teatro.

Era folgada, leve, permitia-me movimentos livres. Eu havia me habituado tanto com ela que acabou se tornando indispensável.

Há quanto tempo eu não a via... Senti-me comovido, saudoso do tempo em que havia vivido intensamente minha paixão pelo teatro.

Só quem viveu esses momentos pode avaliar o que é isso. Estar no palco, diante de uma platéia que reage ao que você diz é um momento mágico, em que o ator veste o personagem, cria uma situação e estabelece um clima para dizer suas falas.

Vivendo um drama ou uma comédia, ele pode tudo. Nesse momento é o condutor das emoções. Pode levar a platéia do riso às lágrimas, despertar sentimentos sublimes e fazer as pessoas esquecerem os problemas do dia-a-dia.

Pena que, algumas vezes, certos atores se esquecem de que têm esse poder, usam seu talento de maneira inadequada. Desejam apenas conquistar o próprio sucesso, sem se preocupar com a reação que podem estar provocando nos outros.

Embora alguns desses tenham conseguido fama, a esse preço, acabam seus dias doentes, sem trabalho, na solidão.

Não importa em que setor alguém atue, mas sim como faz isso. A vida responde conforme as atitudes de cada um. Promove as lições conforme a necessidade.

Felizmente, há os que respeitam a vida, a platéia que os acolhe, fazem seu trabalho com dedicação, levando entretenimento sadio e elevados conceitos que fazem pensar.

Recordando momentos do meu passado, sentei-me em uma poltrona e agradeci a Deus por poder estar aqui, nesse lugar de paz, fazendo novos amigos e aprendendo um pouco mais sobre a vida.

# 14

Faz uma semana que cheguei a Alverne. Otaviano tem sido um amigo paciente e agradável.

No dia seguinte a minha chegada, levou-me visitar a sede do Conselho, do qual ele era um dos diretores.

Tratava-se de um palácio estilo francês, com três andares, erguido no meio de extenso jardim.

O saguão largo, rodeado de altas e belas janelas, tinha um piso composto de quadrados brancos e negros, igual aos que me lembrava de ter visto no mundo.

No centro, uma espaçosa mesa redonda com um belíssimo arranjo de flores, as paredes ricamente adornadas e na que dividia o saguão com outra sala, havia um enorme quadro, belíssimo, que me encantou.

Aproximei-me para ver o nome

do pintor, estava assinado Renoir. Emocionei-me diante de tanta beleza e não me cansava de olhar todos os detalhes.

Otaviano, olhos brilhantes, aproximou-se, dizendo:

– Foi um presente que esse grande artista fez a nossa cidade. Eu ainda não morava aqui quando ele desencarnou e depois de algum tempo foi trazido para cá.

– Ele morou aqui?

– Sim. O padrão de beleza dele era conservador. O mundo mudou muito nos últimos anos em que ele viveu na Terra e ele não aceitava isso. Pintou esse quadro durante o tempo em que ficou aqui. É um retrato da praça principal da nossa cidade, com as pessoas que viu ali. Quando vim para cá, esse quadro já estava aqui. Contaram-me a história. Quando ele partiu, deu-o de presente à cidade, como prova de gratidão.

Eu não me cansava de olhar o quadro, cuja delicadeza das cores casava-se com a beleza da paisagem.

Otaviano puxou-me pelo braço e convidou-me:

– Vamos, há muitas coisas que quero lhe mostrar. Você poderá voltar aqui quando quiser para contemplá-lo.

Acompanhei-o com prazer. Visitamos salões em que algumas pessoas trabalhavam, mas o ambiente era calmo e agradável. Havia flores nos vasos e móveis antigos artisticamente trabalhados.

As mesas de trabalho lembraram-me as escrivaninhas lavradas que eu conhecera em museus.

Não havia ali as máquinas que eu estava habituado nem os computadores tão a gosto das pessoas atualmente na Terra.

Eu não podia entender como eles conseguiam controlar toda a cidade sem esses recursos. Percebendo minha estranheza ele sorriu:

– Sei o que está pensando, mas depois de vermos tudo, você poderá fazer suas perguntas.

Concordei, não queria perder nenhum detalhe. Aquele lugar era a antítese de todos os meus conceitos de progresso.

Notei que as pessoas eram alegres, bem-humoradas, elegantemente vestidas. O interessante era que não eram todas da mesma época. Havia alguns de fraque, de terno, outros ainda usavam trajes do século dezenove.

Com as mulheres acontecia a mesma coisa. Mas observei que elas davam preferência a roupas mais práticas. Nada de saias amplas, como na corte, mas vestidos do começo do século, dos anos trinta, quarenta e até cinqüenta.

Isso dava um toque alegre ao ambiente, apesar de o mobiliário ser digno de um museu.

Percorremos a sala de reuniões do Conselho. Havia uma mesa redonda e eu contei doze cadeiras.

– Somos doze conselheiros. Aqui analisamos, discutimos e tomamos decisões sobre os problemas de organização, melhoria e relacionamento social.

– E os problemas individuais de progresso, também são tratados aqui?

– Somente no que se refere à adaptação, à convivência, ao relacionamento. Quanto às dificuldades emocionais e espirituais temos especialistas, mentores categorizados que fazem esse serviço. O trabalho do Conselho é monitorado por esses mentores categorizados que residem nos planos mais altos e nos visitam quando julgam oportuno, o que é sempre uma festa.

– Sei como é. Em nossa cidade isso também ocorre.

Depois, saímos e fomos ao centro de lazer. Havia vários prédios, sempre rodeados de jardim, apesar de serem diferentes no estilo, todos tinham três andares.

Havia também três teatros, salões de festa, exposições de arte, curiosidades e artistas que se apresentavam no meio da rua, tocando, dançando e cantando, uma mistura curiosa e alegre que me fez lembrar do teatro de revista que criei quando estava no mundo.

Adorei esse lugar. O que me comoveu foi observar que mesmo sendo um movimento popular e alegre, havia em todos a intenção de passar alguma coisa nobre, boa, representando, cantando, contando histórias que abrangiam duas ou mais encarnações.

Era exatamente isso que eu pensava fazer no mundo. Acaricio esse projeto desde que voltei para o astral.

– É um trabalho terapêutico. – Informou Otaviano. – Alguns chegaram aqui frustrados, desiludidos. Você sabe como é, na Terra nem todos conseguem manter o sucesso, principalmente quando envelhecem. Estimulados a demonstrarem seus talentos, em pouco tempo tornaram-se alegres, criativos, remoçados.

– A criatividade desenvolve a inteligência e a arte, alimenta o espírito. Não há melhor motivação do que essas.

– Uma tarde destas vou levá-lo ao Círculo Literário. Você vai gostar.

Concordei sem muito entusiasmo. Essa não era minha área. Prefiro a espontaneidade, sem as regras sofisticadas e formais da literatura.

Mas quando fomos a esse clube, percebi que estava enganado. Em uma sala enorme, as pessoas sentavam-se, formando círculos. Um deles apresentava um tema que podia ser em prosa, verso ou música. Então, trocavam idéias sobre o assunto, cada um enfocando do seu jeito, aprovando ou discordando, apresentando suas opiniões.

O que chamou minha atenção foi que apesar de as roupas serem de diversas épocas, os grupos se formavam mais pela maneira de se apresentarem.

Os que preferiam a música apresentavam seu tema cantando e os outros, respondiam também cantando, improvisando.

Havia os que preferiam versejar e os que gostavam de discursar, mas as respostas eram conforme a pergunta, discursando ou versejando. Como sempre, a afinidade funciona em toda a parte.

Otaviano me contou que a maneira de vestir refletia a fase temporária em que a pessoa estava. Embora ela tenha voltado da Terra há pouco tempo, se ela gostava de um poeta do século passado, vestia-se como ele.

Em Alverne, as roupas expressavam a época em que eles estavam estudando. Mudavam o enfoque mental, escolhiam roupas diferentes.

Gostei da idéia. Experimentar, mudar, renova a mente. Mas isso me deixou ainda mais admirado. Por que então não aceitavam as facilidades que a ciência moderna oferece?

Aproximei-me dos que discursavam. Um rapaz em pé, aparentando uns trinta anos, cabelos castanhos e crespos, que iam até a metade do pescoço, emoldurando um rosto bonito, olhos vibrantes, falava entusiasmado:

– É preciso controlar os excessos. Aprender o tamanho das nossas necessidades. Encontrar o ponto exato. Nem mais nem menos. Para isso, creio ser necessário nos analisarmos constantemente para descobrir nossos limites. O que exceder, certamente vai nos fazer mais mal do que bem.

Uma mulher de meia-idade levantou-se:

– Mas como saber se estamos analisando certo? Quando nosso discernimento está viciado vemos tudo de forma errada.

Um outro senhor levantou-se:

– Não concordo. Se pensarmos assim, nunca conheceremos nossas necessidades reais. Temos que tentar de qualquer jeito.

Uma jovem levantou-se:

– Acredito que com o discernimento viciado, idéias confusas, não temos condições de perceber nada além das ilusões que alimentamos. Por esse motivo, nesses casos é melhor esperar, silenciar a mente, buscar a paz interior. Só quando conseguirmos acalmar os pensamentos, teremos condições de perceber melhor o que vai dentro do nosso coração.

– Eu concordo com ela. – Disse um rapaz alto e louro. – É preciso agir por etapas. Primeiro, controlar os pensamentos, acalmar os medos, ativar a fé na vida, para depois ter lucidez e analisar nossas prioridades. Saber a medida certa dos nossos desejos, que vai nos dar equilíbrio e bem-estar, é uma conquista importante. Mas só a alcançaremos dessa forma.

– Eu já penso que só a experiência consegue nos dar essas medidas. Por esse motivo, em vez de meditar, eu prefiro agir, experimentar. Faço o que quero, mas arco com as conseqüências. – Colocou um homem grisalho.

– Assim você vai errar muito. Vai sofrer. – Tornou o rapaz que estava ao lado dele.

– Prefiro pagar o preço e aprender logo.

Otaviano, que estava a meu lado, perguntou:

– E você, o que acha?

– Antigamente eu gostava de experimentar, mas reconheço que às vezes o preço é muito alto. Hoje penso que se puder acalmar os pensamentos, harmonizar meu espírito, analisar meus sentimentos, terei um resultado melhor.

Otaviano sorriu e respondeu:

– Esse é um dos temas mais discutidos aqui nos últimos tempos. É que atualmente temos estudado muito nosso emocional e notado como ainda somos descontrolados. Quando analisamos nossos problemas, notamos que eles decorrem, em grande maioria, da nossa incapacidade de controlar as emoções.

– De fato – concordei –, temos muito que aprender nesse campo.

– Em nossa academia de ciências há um trabalho em andamento, muito bom.

– Gostaria de conhecê-lo.

– Iremos até lá. Trata-se de um estudo minucioso do nosso corpo emocional.

– Que interessante! Já li alguns estudos sobre isso.

– Eles desejam descobrir algumas causas e para isso se utilizam de fotos minuciosas do corpo emocional.

– Em nossa cidade, os cientistas estudam esse tema em profundidade. Já tive oportunidade de estudar algumas pesquisas que fizeram. Embora eles utilizem uma aparelhagem complexa, mas que registra integralmente as modificações emocionais das pessoas, ainda não temos um conhecimento profundo que nos permita determinar as causas do nosso descontrole. Como nós somos muito instáveis, é preciso muita dedicação para obter resultados.

– Bem, aqui nossos cientistas preferem trabalhar utilizando um espectro cujas cores em seus matizes particulares quando acoplado a determinadas glândulas das pessoas revelam o padrão emocional e que tipo de sensibilidade elas têm.

Eu conhecia esse espectro, mas eu sabia que há muito tempo ele não era utilizado em nossas academias de ciências. Indaguei curioso:

– E vocês têm conseguido bom resultado com esse sistema?

– Como você já disse, é preciso muita dedicação, porquanto os pensamentos que ainda não conseguimos disciplinar fluem sem parar, provocando emoções desencontradas, que ocasionam distúrbios em todos os nossos sistemas.

– Por certo, esses recursos são utilizados para os tratamentos de casos mais graves, sendo que para conseguir algum resultado é preciso fazer uma amostragem, registrando as reações do paciente em vários momentos. Interpretar tudo isso nem sempre é fácil.

– Sei que às vezes nossos médicos preferem não se aprofundar muito nas causas, mas sim ajudar a aliviar e reduzir os sintomas.

Fiquei pensativo durante alguns instantes. Eu mesmo havia visto pessoas que regressavam da Terra, envolvidas pelas formas pensamentos que haviam criado, não conseguindo um momento de paz.

– Concordo. – Respondi por fim. – Nós só conseguimos assimilar alguma coisa quando estamos relaxados e serenos. Primeiro, é preciso libertar a pessoa de seus conceitos ilusórios, conseguido isso, ela mesma partirá em busca do que está precisando.

Otaviano sorriu e respondeu:

– Exatamente. É por esse motivo que aqui não precisamos dessas máquinas complicadas que vocês gostam. Estamos lidando com o espírito e ele só precisa de paz e serenidade para progredir.

Não pude evitar um sorriso:

– Eu gostaria de ver as estatísticas e conhecer os resultados desse processo.

– Vou providenciar para que tenha acesso a todas essas informações.

Nós nos aproximamos de outro grupo. Eles expressavam-se por meio da música. Assim que chegamos mais perto, ouvi uma música suave que não sabia de onde vinha.

Otaviano percebeu minha admiração e disse:

– Vem daquele aparelho.

Olhei e vi um pequeno quadrado colocado em um canto dentro do círculo de pessoas. No centro, uma moça dançava, com gestos suaves, vestido leve de um azul-noite. Então, começou a cantar com uma voz linda, agradável. Seu rosto delicado e os olhos brilhantes de emoção fizeram-me lembrar uma gravura que eu vira quando era jovem na Terra.

As palavras da canção falavam a respeito do amor compartilhado, da compreensão e do perdão.

Diante de tanta beleza meus olhos marejaram. Todas as pessoas do círculo de mãos dadas observavam a cena, balançando-se suavemente. Pude ver que do peito de cada uma saíam energias coloridas, diferentes umas das outras, formando flores ao redor da moça.

Ela acabou, voltou ao seu lugar na roda e um rapaz foi para o meio. Ele era musculoso, atlético, trajava uma calça justa que ia até a metade da canela, um colete aberto que deixava a mostra seu corpo bem-feito, calçava botas amarradas que iam até a barra da calça.

A música começou assim que ele saltou para o meio da roda. Era em tom marcial e ele dançava com gestos fortes, pisando no chão com firmeza.

Começou a cantar com uma voz de barítono e as palavras da canção falavam da necessidade de reconhecer e acreditar em nossa própria força, porque quando conseguimos isso, todas as forças do Universo vêm nos ajudar. Finalizou afirmando que a vida nos quer fortes e só assim pode nos levar às vitórias.

Quando ele terminou foi para o meio da roda um jovem aparentando quinze anos, muito elegante, vestindo um fraque, que me lembrou alguns mágicos que se apresentavam em nosso teatro na Terra.

Seus cabelos lisos, colados na cabeça, terminavam em um birotinho na nuca. Suas mãos bem cuidadas e expressivas volteavam, enquanto ele dançava com uma leveza e agilidade invejáveis.

Era um lindo espetáculo, mas ficou ainda melhor quando ele começou a cantar com uma voz agradável uma música, cujo ritmo gostoso lembrava um pouco o Caribe.

As palavras da canção falavam da importância da ética em nossa vida, afirmando que a conquista do nosso amadurecimento espiritual só acontece quando assimilamos seus conceitos. Terminava garantindo que a ética é o caminho mais curto para a integração do nosso espírito com as leis cósmicas.

Não me contive, disse a Otaviano:

– Esse trabalho é maravilhoso! Ah! Se eu pudesse montar uma companhia teatral com esses artistas, reencarnarmos todos na Terra e apresentarmos esse espetáculo! Já imaginou o sucesso!

Otaviano sorriu e respondeu:

– Não seria nada fácil. É que as pessoas nascem no mundo e sofrem muito as influências do meio.

– É verdade. Essas canções pertencem a algum compositor famoso?

– Não. Elas são compostas pelas pessoas que as estão apresentando. Algumas preferem estudar por meio da música, assim como os outros grupos escolheram outros meios de expressão. Mas todos apresentam temas que estão estudando.

– São verdadeiros artistas. Quando reencarnarem não vão fugir a essa vocação.

– Talvez. É que em alguns casos, outras são as prioridades. Apesar de estarmos vivendo aqui, que é um lugar de refazimento e de paz, ainda carregamos alguns pontos fracos, assuntos mal resolvidos, que bloqueiam nosso progresso. Você sabe como é, na hora de reencarnar cada um precisa rever esses pontos e descobrir o que precisará trabalhar melhor na Terra.

– Isso acontece mesmo. Mas que seria muito lindo um espetáculo assim, isso seria.

– Bem se vê que você continua gostando de teatro.

– Faz parte da vida. É uma forma de nosso espírito expressar suas emoções, suas idéias, seus sentimentos.

– Você é um idealista. Pena que no mundo poucos pensem dessa forma. Pelo que tenho visto por lá, atualmente, muitos desejam apenas aparecer, conquistar fama, dinheiro, sem se importar com os valores que estão exemplificando.

– É justamente por esse motivo que eu gostaria de poder apresentar lá um espetáculo de qualidade, cuja beleza possa fazer vibrar os mais nobres sentimentos da alma. Só o que é verdadeiro e elevado pode despertar esses sentimentos.

– E um indivíduo sensibilizado dessa forma, torna-se melhor, sente necessidade de ser bom.

Ele fez uma pausa, fixou seus olhos nos meus, como se quisesse penetrar nos meus mais íntimos pensamentos e concluiu:

– Penso que algum dia você ainda vai fazer isso lá.

Fiquei comovido. Um sentimento de amor, de plenitude interior, brotou dentro de mim e não consegui responder.

Otaviano notou minha emoção, apertou meu braço levemente e eu senti que não só ele pensava como eu, mas também que nossa amizade iria se consolidar naquele momento.

# 15

Ao iniciar a segunda semana da minha visita a Alverne, interessei-me em conhecer os trabalhos de socorro da cidade.

Até então, eu havia visitado a comunidade em seus aspectos sociais. Considerava que nesses lugares de convivência, os modernos aparelhos que eu conhecia e que facilitavam a vida na cidade em que eu vivia, não faziam muita falta.

Talvez por esse motivo, Otaviano teria me levado ao Círculo Literário, como a dizer que eles realmente não precisavam de certos recursos modernos que eu considerava necessários.

Disse-lhe isso em poucas palavras e conclui:

– Eu quero visitar os hospitais e prontos-socorros. Depois que conheci certos recursos, não imagino como prestar um bom atendimento sem eles.

Otaviano sorriu e respondeu:

– Você está viciado em facilidades, como muita gente que vive no mundo e que se considera infeliz se não tiver em casa as últimas novidades lançadas no mercado.

– Quando descobrimos uma maneira melhor e mais fácil de conseguir o que precisamos, por que não aproveitar? A vida está nos oferecendo uma coisa melhor exatamente para facilitar nossa vida.

– E também para que as pessoas disponham de mais tempo livre para trabalhar seu mundo interior. Essa é a finalidade do progresso.

– Isso mesmo.

– Mas não é o que está acontecendo no mundo. Tendo todas as facilidades, em vez de utilizarem o tempo livre no enriquecimento de seu espírito, o que está acontecendo? Estão se perdendo no consumismo, na revolta por não poder comprar os últimos modelos do mercado, assaltando, matando, afundando-se na bebida e nas drogas.

Apanhado de surpresa, tentei justificar:

– É que são tantas as novidades em tão pouco tempo que eles ainda não conseguiram lidar com isso de uma maneira equilibrada. Mas como a vida é sábia, estou certo de que com o tempo todos aprenderão a dar a cada coisa o sentido adequado.

– Mas enquanto isso não acontece, sofrerão as conseqüências dos seus desequilíbrios. Nós aqui, preferimos ir mais devagar, com menos turbulência. Pelas pesquisas que tenho feito nos congressos regionais com outras cidades astrais que tenho participado, descobri que a ponderação, apesar de parecer um caminho mais lento, tem levado nossos moradores a conquistar um progresso mais rápido e com menos sofrimentos.

Meneei a cabeça negativamente. Era-me difícil aceitar isso e objetei:

– O que você está dizendo é que recusar as facilidades do progresso é um bem. Se admitirmos isso, estaremos regredindo, negando a evolução.

– Eu falei em ponderação, discernimento. Não em uma recusa dos benefícios reais do progresso. A ponderação nos ensina a observar se no momento estamos preparados para utilizarmos todos os recursos que a vida está nos oferecendo.

– Como vamos saber se não experimentarmos?

– Você sabe que há pessoas que reencarnam na Terra e não conseguem progredir financeiramente. Passam uma vida em uma profissão dura, trabalhando muito, ganhando pouco, sentindo falta das coisas essenciais. Por que a vida faz isso com elas? Porque precisam estar ocupados, pensando em como pagar as contas, cansar o corpo para dormir sem pensar em nada.

Otaviano fez uma pausa e, vendo que eu o ouvia atentamente, continuou:

– Essa é uma forma de defesa. Esses espíritos precisam de contenção. As facilidades que tiveram em outras vidas, levaram-nos a cometer atos desastrosos que lhe ocasionaram muitos sofrimentos.

– Mas nem todos estão nesse nível.

– Concordo. Por esse motivo é que falei em ponderação. Nosso espírito precisa de ação, logo, as facilidades só serão úteis para quem consegue aproveitar o tempo livre, dedicando-se ao progresso interior.

– Eu ainda penso que, sem experimentar, nunca saberemos se estamos preparados.

– Você talvez seja daqueles que preferem pagar o preço. Nós aqui, preferimos escolher. A cada situação nos recolhemos interiormente e perguntamos: “estamos preparados para escolher isso?”.

– São formas diferentes de pensar. Eu gostaria de conhecer os recursos dos hospitais de Alverne.

Otaviano sorriu e considerou:

– Vou agendar uma visita. Você vai gostar. Esta noite vamos ter um sarau em casa. Engracia pediu que o convidasse.

Assenti com prazer. Estava interessado em fazer amigos, conhecer mais sobre os costumes de Alverne.

Minutos antes da hora combinada lá estava eu, vestido com um dos ternos que encontrara no armário e que provocava em mim a sensação de estar vivendo ainda na Terra.

Assim que cheguei, Engracia veio me receber sorrindo. Depois dos cumprimentos, apresentou-me às pessoas que estavam ali presentes.

Calculei umas dez pessoas, e o interessante é que havia apenas dois casais, contando com os anfitriões. Além deles, três mulheres e dois homens.

Simpatizei logo com uma senhora que aparentava mais idade que as demais. Tinha um porte elegante e o rosto bonito e delicado. Os olhos me fitaram com doçura. Senti a sensação de que nos conhecíamos. Mas de onde?

Eu lhe havia sido apresentado na chegada, mas não lembrava seu nome. Aproximei-me dizendo:

– Sinto que nos conhecemos, mas não consigo saber de onde.

Ela ficou alguns segundos pensativa, depois disse olhando firme em meus olhos:

– Não se lembra de mim?

Notando meu embaraço, ela riu gostosamente:

– Eu mudei muito depois daqueles tempos, mas sou capaz de reconhecer o Zito, meu amigo de infância.

Então veio a lembrança da figura de Dorotéia, uma garota dois anos mais velha que eu que morava vizinha da nossa casa, onde cresci e com a qual passara horas em brincadeiras na calçada, junto com outros amigos.

Zito era um apelido que a turminha havia me dado porque *seu* Manoel, o português, dono da padaria da esquina, chamava-me de Zezito.

– Dorotéia! – Exclamei emocionado, abraçando-a.

– Sabia que havia chegado a Alverne e estava ansiosa para encontrá-lo. Que saudade!

– Bons tempos aqueles!

– É mesmo. Brincávamos de passa anel, de pular corda, de piques, de contar histórias de fantasmas.

– As melhores histórias de fantasmas que ouvi foram as suas. Você tinha o dom de contá-las com tal suspense que nós ouvíamos sem piscar.

– Já você era muito engraçado imitando os trejeitos das pessoas. Conseguia tirar delas seus traços mais característicos e os reproduzia fielmente. Não posso esquecer quando fazia a d. Zuleica, nossa professora de canto. Ela tinha um jeito especial de reger e de apontar os que estavam fora do tom, arqueando as sobrancelhas, entortando a boca, e você fazia igualzinho.

Lembrei-me da figura especial de nossa professora de canto no colégio e desatei a rir.

– Eu era muito crítico, hoje procuro não fazer mais essas coisas.

– Nós éramos crianças, não havia maldade em nossas brincadeiras. Você tinha esse talento, era seu traço forte. Tanto que nem a medicina conseguiu tirá-lo do teatro. Mesmo morando longe e não tendo mais encontrado você, acompanhei seu sucesso e nunca esqueci da nossa amizade.

– De fato, eu não fazia por mal, mas levei muitos pitos de minha mãe que preferia um filho educado, sério. Ela se esforçou muito por isso e nunca conseguiu. Mas me fale de você. Depois que vocês se mudaram para São Paulo, nunca mais nos vimos.

O rosto dela ficou sério, notei em seus olhos um pouco de tristeza, que não durou mais que um segundo, mas eu consegui captar.

– Não tenho muita coisa para contar. Nossa vida em São Paulo foi de altos e baixos. Problemas de família. Nós nos mudamos para lá porque meu pai havia conseguido um bom emprego, ganhava muito bem. Todavia, ele não estava preparado para ter dinheiro. Envolveu-se com outra mulher e acabou se separando de mamãe. Essa mulher consumia todo o dinheiro dele, que dizia não ter nada para nos dar. Não pude continuar os estudos, comecei a trabalhar em um escritório. Meu irmão, não estava disposto a trabalhar e foi morar com meu pai. Mamãe não se conformava por ele também ter nos deixado.

– Pois é, são os desafios que a vida prepara para nos ajudar a crescer.

– É verdade. Hoje sei disso. Mas naquele tempo, revoltei-me e, para fugir dos problemas, meti-me em outro maior. Casei com o primeiro rapaz rico que me quis.

– Você tentou mudar de vida.

– É. Eu mudei mesmo, mas para pior. Eu não amava meu marido. Ele não era mau, mas eu não tinha paciência para tolerar seu temperamento retraído, medroso.

– Viver junto não é fácil e sem amor fica ainda pior.

– Isso mesmo. Mas apesar de tudo, tentei ser uma boa esposa, fiel, dedicada, infeliz, mas conformada. Tive duas filhas que se tornaram a razão de minha vida. Mas elas cresceram, cada uma seguiu seu caminho. Você sabe como é. Os pais sempre gostam mais dos filhos do que os filhos dos pais. É um conceito natural. Nós fizemos o mesmo com nossos pais. Assim, cada uma foi viver sua vida. Acabei viúva e sozinha. O que me ajudou muito foi conhecer a vida espiritual.

– Como foi isso?

– Depois que minha segunda filha nasceu, senti-me deprimida, insatisfeita, triste. Apesar de tudo o que tinha passado até então, nunca havia me deixado dominar pela tristeza. Sempre fui uma pessoa alegre. Mas naqueles tempos, minha alegria foi embora. Nem ânimo para cuidar das meninas eu tinha. Perambulei por consultórios médicos e o que consegui foi apenas uma lista de remédios que me faziam sentir pior.

– Você estava infeliz e atraiu espíritos infelizes.

– Isso mesmo. Eu sou uma pessoa amorosa e tendo me casado sem amor, estabeleci um conflito interior que contribuiu para que minha sensibilidade aflorasse de maneira desequilibrada.

– Você frustrou seu temperamento que é seu lado verdadeiro. Quando suas filhas nasceram você tornou-se mais mulher e o conflito ficou mais forte.

– Como você disse, tendo me deprimido, atrai a companhia de espíritos infelizes como eu. Chorava por qualquer coisa, dormia mal, acordava cansada, sentia mal-estar, falta de ar, irritação. Uma amiga levou-me a um Centro Espírita e foi um alívio. Passei a freqüentar, trabalhar com a mediunidade, tornei-me voluntária em um hospital. Com isso, consegui me equilibrar e minha vida mudou. Entendi muitas coisas, aprendi com elas, entendi-me melhor com meu marido, vivi bem com minhas filhas, genros e netos. E, apesar de ter levado uma vida comum, encontrei um pouco de paz.

– Apesar do esforço que você faz para cultivar a alegria, sinto em você um traço de insatisfação do qual ainda não conseguiu se livrar.

– Deu para notar? É que nos últimos tempos tenho refletido muito sobre minhas atitudes passadas e notei alguns lados que não havia percebido anteriormente. Olhar para trás, descobrir que se tivesse tido mais coragem para agir de acordo com meus verdadeiros sentimentos, teria sido mais feliz, ainda me incomoda.

– Isso acontece com todos nós quando voltamos para cá e revemos nossas escolhas.

– É que quando estamos encarnados nos iludimos muito com as regras do mundo. Veja só, eu me casei sem amor, não sentia prazer com a proximidade do meu marido nem com nosso relacionamento íntimo. Depois de alguns anos de casamento, tendo amadurecido um pouco mais, dei-me conta de que não era isso o que eu desejava para mim.

– Mas você continuou casada.

– Eu achei que havia prometido ficar ao lado dele "até que a morte separe". Não tive coragem para romper o casamento. Depois, já tinha duas filhas, o que me fez pensar que precisava suportar as conseqüências da minha escolha até o fim.

– Foi uma atitude digna.

– Na ocasião achei que estava me sacrificando pela felicidade de minha família. Hoje sei que estava me castigando por ter agido errado. O que eu sentia era culpa por não poder ser ao meu marido, que dizia me amar muito, o que ele esperava de mim. Essa culpa levou-me a suportar os desacertos dele sem reclamar.

– Você fez o que achou melhor na época. Não adianta culpar-se por isso.

– Não me culpo pelo casamento, eu era muito imatura quando casei. O que me incomoda é que houve um momento em que me dei conta de que não éramos felizes juntos. Ele, não sendo correspondido como esperava, procurou fora outro amor e tornou-se mal-humorado, irônico, crítico em tudo o que eu fazia. Acabamos como dois inimigos dentro de casa. Nossas filhas cresceram nesse ambiente e ambas se casaram muito cedo.

– Talvez tenham feito o mesmo que você.

– Isso também me incomoda. Fugi da casa materna e acabei fazendo a mesma coisa que meus pais. Não fui capaz de criar um lar feliz, como sempre sonhei.

– Agora você está preparada para escolher melhor.

– Não desejo voltar tão cedo. Quero primeiro me conhecer mais, ir fundo em meus sentimentos, vencer essa insatisfação que de vez em quando brota dentro de mim, fazendo com que eu tenha de me esforçar muito para conservar a alegria.

– Talvez seja bom você procurar ajuda de um terapeuta.

– Eu faço terapia desde que cheguei aqui.

– Há quanto tempo está vivendo aqui?

– Dez anos. Mas não é um atendimento seguido, como no mundo. Eu só o procuro quando estou com dificuldade de entender meus sentimentos. Ele quer que eu aprenda a lidar com as emoções.

– Essa é a forma melhor.

– Mas apesar dos problemas que ainda carrego, tive bons momentos na Terra. Como eu disse, ao desabrochar a mediunidade, trabalhei em um Centro Espírita, fui voluntária em um hospital. Foram as melhores escolhas da minha vida. Eu pensava que ia ajudar os outros, mas cheguei à conclusão de que a maior beneficiada fui eu. Praticar um ato de bondade, por mais insignificante que seja, provoca dentro do nosso espírito uma sensação de felicidade, de realização, que não há palavras para descrever. Não depende de retribuição nem do reconhecimento dos outros.

– É que nossa alma é essencialmente boa e quando praticamos o bem ela se alegra. O bem é o alimento do nosso espírito.

Notei que Otaviano havia se distanciado discretamente e fiz-lhe sinal para que se aproximasse.

– Estou feliz por rever Dorotéia. Fomos muito amigos na infância.

– Foi uma surpresa muito boa. Vivemos um tempo bom juntos.

– Recordar os bons tempos alimenta o espírito. – Concordou Otaviano, sorrindo.

Dorotéia assentiu e em seguida me perguntou:

– Quanto tempo ficará aqui?

– Mais duas semanas.

– É pouco tempo para conhecer melhor nossa cidade. É muito bom viver aqui.

– De fato, é um lugar muito agradável, mas quando acabar minhas férias, terei de ir. Estou trabalhando em alguns projetos que envolvem outras pessoas.

– Eu sabia que você não ia descansar. Sempre foi muito

ativo. Mesmo criança inventava mil coisas para se ocupar. Não conseguia ficar parado.

– Naquele tempo eu era muito agitado, sem paciência para esperar nada. Hoje, tornei-me um pouco mais calmo, contudo continuo cada vez mais ativo.

– Faz parte do seu temperamento. – Tornou Otaviano. – Você pode melhorar a maneira de lidar com suas emoções, progredir espiritualmente, mas jamais será passivo. Seu temperamento é criar, fazer, experimentar.

– Nada me dá mais prazer que projetar alguma coisa, executá-la e estudar os resultados.

– Eu já sou diferente. – Confidenciou Dorotéia. – Prefiro a contemplação, observar a natureza me faz ficar em paz. Adoro a calma da nossa cidade, que nos faz recordar os tempos em que a vida em sociedade era mais pacata. Por esse motivo, não gostaria de reencarnar tão cedo. Fico horrorizada observando a moderna sociedade terrestre.

– É bom não esquecer que tudo tem uma boa razão. – Comentou Otaviano.

– Eu sei. – Contestou ela. – Mas eu não gostaria de estar vivendo lá agora. Tanta agitação. As pessoas correm de um lado a outro sem saber para onde ir. A violência impera, o medo domina, a corrupção gera miséria e desconfiança. Sei que um dia tudo vai mudar, mas, enquanto isso, espero poder continuar aqui.

Olhei-a e tive a nítida sensação de que ela iria reencarnar dentro de pouco tempo, mas não disse nada. Há muito aprendi a ficar calado.

Engracia aproximou-se, dizendo:

– Gostaria que tomassem assento no salão de música. A apresentação vai começar.

Engracia passou o braço no de Dorotéia e ambas foram para a outra sala. Eu e Otaviano acompanhamo-las um pouco atrás.

Foi quando eu comentei com ele:

– Ela não quer, mas noto que Dorotéia deverá reencarnar em breve. Ela sabe?

– Ela sente todos os sintomas, mas procura ignorá-los. O cerco está apertando e logo terá de ir.

– Alguma tarefa especial?

– Ela teme, porque pressente que terá algumas dificuldades. Uma de suas filhas fez um casamento infeliz, escolheu uma vida desregrada, tornou-se revoltada. Culpa a mãe pela sua infelicidade. Dorotéia tem feito o possível para auxiliá-la, mas tem sido em vão. Janice não a perdoa nem aceita a ajuda que oferecemos. Atualmente, vive em um núcleo próximo à Terra, em péssima companhia.

– O que dizem os orientadores?

– Que só reencarnando ela poderá se recuperar.

– Isso se tiver uma boa ajuda familiar.

– Em breve Dorotéia terá que decidir se reencarna para receber Janice como filha e poder auxiliá-la de uma forma direta ou se a deixa nascer entre os que estão no mesmo nível dela.

– Garanto que Dorotéia vai preferir reencarnar. Se Janice nascer entre pessoas na mesma situação dela, vai sofrer muito mais para aprender e Dorotéia sentirá uma culpa muito maior.

Entramos no salão e nos calamos, tomando rapidamente assento nas duas poltronas vazias ao lado de Engracia e Dorotéia. O recital ia começar.

Engracia levantou-se, dizendo da alegria em receber os amigos e anunciou o primeiro número. Duas senhoras, vestidas com roupas antigas, levantaram-se, enquanto uma delas sentou-se ao piano a outra, postou-se ao lado dela.

Uma começou a tocar uma valsa muito bonita, que eu não conhecia e a outra, começou a cantar com voz suave, inspirando pensamentos de paz. As duas pareciam fazer parte de um quadro do século passado e a música, de grande beleza, tocou-me. Comecei a sentir uma grande saudade, de alguma coisa perdida no tempo e da qual não conseguia relembrar.

Cantaram duas músicas, depois foi a vez de um jovem, cabelos castanhos soltos ao vento, declamar um poema, questionando a diferença entre orgulho e dignidade, com graça e bom humor que me encantou.

Um mestre do violão tocou uma música clássica e por fim Engracia abriu um espaço livre para quem quisesse apresentar-se.

Dorotéia tomou a palavra:

– Peço ao dr. Silveira Sampaio que nos brinde com uma apresentação.

Tentei escapar, mas as pessoas em coro juntaram-se a ela pedindo a mesma coisa.

Há muito tempo que eu não me apresentava a uma platéia, à moda do mundo. Fiquei um pouco embaraçado. Mas, notando o interesse deles, resolvi ceder.

– Sempre gostei de conversar com o público. Vou mostrar-lhes como eu fazia um programa de televisão. A vida no mundo é ainda muito conturbada e eu decidi tocar nessas feridas de maneira bem-humorada, tentando conscientizar as pessoas. Falava sobre comportamento, e os políticos eram sempre um prato cheio.

Fiz uma pausa, olhei para a platéia que ouvia atentamente e me concentrei, revivendo a aparência que tinha naquele tempo, tomei a postura da época. E comecei a falar como se estivesse no ar, iniciando meu programa.

Dialogava com eles, enfocando situações que estão acontecendo atualmente no Brasil, conversando ao telefone com um senador da oposição, ao qual dei minhas sugestões para melhorar o partido. Depois, como quem não quer nada, liguei para o Presidente da República, usando os argumentos dos opositores, sempre com bom humor e alegria.

Notei que as pessoas riam e divertiam-se com meus trejeitos e ditos irreverentes. Quando terminei, aplaudiram-me e eu me senti feliz por perceber que, apesar dos anos, das mudanças pelas quais havia passado, ainda conseguia me comunicar.

Por várias razões, essa foi uma noite inesquecível em Alverne.

# 16

Na tarde seguinte, Otaviano foi buscar-me para irmos visitar um hospital. Não era um local como os hospitais do mundo, porquanto apesar dos centros de atendimento especializados, os atendimentos eram direcionados não só aos problemas físicos como aos emocionais.

Otaviano informou-me que lá eles cuidavam do espírito em suas múltiplas necessidades. Todos os tratamentos priorizavam o equilíbrio emocional e, conseqüentemente, o espiritual.

Era um prédio amplo, o verde imperava em todos os tons, seja nas plantas como na decoração.

Otaviano apresentou-me a um dos diretores do hospital, um clínico geral que havia regressado da Terra havia mais de trinta anos. Doutor Barcelos aparentava uns cinqüenta anos, era alto, forte, tinha o rosto quadrado, cabelos grisalhos, sorriso fácil e muito carisma.

Simpatizei com ele de imediato. Notando minha curiosidade, ele esclareceu:

– Vou levá-lo a conhecer nosso trabalho. Devo dizer que apesar de ter voltado há mais de trinta anos, tenho acompanhado o progresso científico, não só que ocorre na Terra como em alguns planos mais evoluídos que tive oportunidade de visitar.

Fomos caminhando por um corredor e ele continuou:

– Este hospital dedica-se ao atendimento dos problemas da memória. É surpreendente como as pessoas conseguem bloquear lembranças que não desejam cultivar.

– É natural. Todos nós desejamos esquecer situações desagradáveis.

– Era o que eu pensava. Porém, é mais que isso.

Olhei-o surpreendido e ele prosseguiu:

– A maioria faz a mesma coisa também com o que é bom e agradável.

– Eu procuro gravar na memória os momentos bons. Eles servem de alento quando precisamos enfrentar situações difíceis.

– Isso é o que parece. Mas, na maioria dos casos, o bem pressiona muito o comodismo contumaz, e quando a pessoa não está atenta, isso costuma esconder sua utilidade para que ela não tenha de se esforçar e mudar.

Olhei-o um tanto inquieto, perguntando-me se eu também teria feito isso.

Ele sorriu e disse:

– Vamos entrar nesta sala.

Acompanhei-o pensativo. Era uma sala espaçosa, havia duas macas, algumas cadeiras, um aparelho simples com uma tela e alguns botões coloridos.

– É aqui que estudamos os mecanismos da memória e sua conscientização.

Olhei em volta e não me contive:

– Aqui? Não estou vendo aparelhos de pesquisa.

– Engana-se. Temos tudo o que precisamos. Temos conseguido resultados muito positivos, o que nos indica que estamos no caminho certo.

– Gostaria de assistir a um tratamento desses.

– Você está estranhando porque não possuímos aqui máquinas modernas que já existem em outras dimensões. Mas nós, que residimos em Alverne, optamos pelo desenvolvimento dos sentidos. Uma máquina pode lhe dar conceitos, estatísticas, descrever camadas do corpo astral, mostrar inclusive órgãos em desequilíbrio, porém, só a percepção do espírito, direcionada ao conhecimento, pode penetrar no emaranhado do emocional humano e trazer à tona as sutilezas que uma máquina nunca conseguiria.

Em suma, os aparelhos podem facilitar um diagnóstico, mas o caminho mais rápido para a cura, só o espírito desenvolvido tem como conseguir. Por esse motivo, nosso trabalho aqui é mais voltado ao desenvolvimento da percepção intuitiva e ao estudo das energias que nos cercam.

– Em nossa cidade, embora tenhamos também treinamento e desenvolvimento de nossa sensibilidade, nós nos utilizamos dos aparelhos que facilitam esse trabalho, poupando tempo e energia.

– São métodos de trabalho. Nós aqui preferimos os recursos espirituais, porque com a utilização desses aparelhos, com o tempo, tornamo-nos dependentes deles. É o que está acontecendo atualmente na Terra. A maioria dos médicos só consegue fazer diagnósticos por meio desses aparelhos.

– Isso é progresso. Poupa tempo, trabalho e o diagnóstico tem menos probabilidade de erro.

– É verdade. Mas por outro lado, o médico vai bloqueando seu sexto sentido. Fica limitado, não tem mais a mesma sensibilidade para agir em um momento de crise.

– Em tudo é preciso bom senso. Um bom profissional usará

os recursos do progresso com discernimento, sem descuidar da intuição.

– Isso seria maravilhoso. Mas aqui, temos recebido espíritos que trabalharam como médicos no mundo. Ficaram a tal ponto bloqueados em sua sensibilidade natural que foram trazidos para este hospital a fim de reverter esse problema. Gostaria que você pudesse vê-los. Estavam incapazes do mais simples diagnóstico sem o auxílio de um aparelho.

– É surpreendente como o ser humano consegue fazer uso errado de tudo.

– Por causa disso, temos nossos métodos. Afinal, as pessoas não são iguais e há que suprir todas as necessidades delas.

– Gostaria de assistir a um tratamento desses.

– Amanhã é dia de atendimentos. Se quiser poderá vir e participar.

– Obrigado. Virei, com certeza.

– Vamos à outra sala. Desejo mostrar-lhe o arquivo dos pacientes no qual estão documentados os casos e os progressos alcançados.

Eu não estava muito convencido do que ele dizia e o seguia, observando todos os detalhes. Na outra sala, havia um aparelho muito parecido com os computadores terrenos.

Ele convidou-me a sentar ao seu lado e acionou o aparelho. Então, começou a mostrar-me as fichas de pacientes e pude acompanhar vários casos. Confesso que fiquei surpreendido com os resultados.

A recuperação das pessoas havia sido acima da média que eu estava costumado a observar em nossa cidade.

Eu estava bastante intrigado. Não podia aceitar que eles, utilizando-se de métodos tão simples, houvessem conseguido mais sucesso que nós, com todos os aparelhos de que dispúnhamos.

Depois de algum tempo tive de render-me às evidências. Então fui acometido do desejo de assistir de fato a alguns tratamentos.

No dia seguinte, compareci ao hospital no horário combinado. O dr. Barcelos já me aguardava. Conduziu-me a um pequeno salão, onde algumas pessoas esperavam.

Atravessamos o salão e nos dirigimos à sala contígua. Meia dúzia de pessoas, sentadas em círculo, permaneciam em prece.

A sala estava em penumbra e ouvia-se uma música suave. Doutor Barcelos designou uma cadeira para que eu me sentasse.

Olhei em volta. Não queria perder nenhum detalhe. Havia alguns móveis brancos, uma maca e uma mesa com um aparelho, igual aos outros que eu vira e que se assemelhava muito a um computador terreno. Sentada ao lado da mesa, uma mulher de jaleco branco, igual a todos os presentes.

Doutor Barcelos ligou o aparelho e um rosto de homem apareceu. No mesmo instante, a moça levantou-se e foi até o salão. Pouco depois, voltou com um jovem que aparentava uns vinte anos.

Ela colocou o rapaz deitado na maca e ficou ao seu lado. Doutor Barcelos colocou a mão na testa dele, que adormeceu prontamente. Então, fez-me sinal para que me aproximasse.

Obedeci. Ele levantou as mãos e concentrou-se. Seu rosto modificou-se e do seu peito começou a sair uma luz rosa que envolveu o rapaz adormecido na maca.

Senti uma onda de carinho me envolver e fiquei comovido. De repente, vi que o homem cujo rosto estava no computador, apareceu em pé, no meio do círculo de pessoas.

Doutor Barcelos colocou ambas as mãos sobre o corpo do jovem na maca e as movimentou. Agora, as energias que saiam de suas mãos eram azuis, enquanto as pessoas do círculo envolviam o homem no centro, com energias verdes.

De repente, o rapaz começou a soluçar e gritou em desespero:

– Ele está aqui! Eu sinto. Quer vingar-se. Já não chega o que fez comigo?

O homem, no meio da roda, estendia a mão e queria sair do círculo e aproximar-se, mas as energias à sua volta continham-no.

Doutor Barcelos colocou a mão na nuca do rapaz, e disse:

– Vamos, sente-se. Vou ajudá-lo.

– Não. Tenho medo.

– Somos seus amigos, estamos aqui. Levante-se.

Ele estava pálido, olhos esbugalhados. Obedeceu contraindo a fisionomia.

– Olhe para ele. Veja que não há o que temer. Ele está arrependido do que fez e também já o perdoou. Não há o que temer. É hora de se reconciliarem.

– Não posso. Tenho medo. Ele vai me perseguir.

– Ele já o perdoou. Não há o que temer. Vamos enfrentar o inevitável e acabar de uma vez por todas com seu tormento. Olhe para ele, veja como está mudado.

O rapaz fixou durante alguns segundos o homem, que de mãos estendidas parecia implorar, e gritou:

– Não posso!

Perdeu os sentidos.

Então, o homem no meio do círculo desapareceu e a um gesto do dr. Barcelos, as pessoas se levantaram e rodearam a maca, onde o rapaz permanecia desmaiado.

A um sinal do dr. Barcelos uma das moças postou-se na cabeceira da maca, colocou a mão sobre a testa dele, concentrou-se durante alguns segundos, depois começou a falar:

– Embora não pareça, finalmente ele cedeu. As formas pensamentos que o atormentam perderam a força. Em minha opinião, ele está pronto para reencarnar.

– Está certa disso? – Indagou alguém ao lado dela. – A mim pareceu que se tentarmos de novo, poderá acontecer como das outras vezes.

– Precisamos esclarecer melhor. – Pediu dr. Barcelos.

Todos se concentraram. A moça colocou a mão sobre o coronário dele. Permaneceu assim durante algum tempo. Aos poucos, seu rosto foi se transformando e ela ficou mais madura e mais rarefeita, quase transparente.

Eu, apesar de sentir que o momento requeria concentração e auxílio, não conseguia desviar a atenção deles.

Então, surpreendido, notei que sobre a cabeça dela formou-se um clarão dentro do qual apareceu o rosto do jovem dizendo:

– Eu não quero ir embora daqui. Farei tudo para retardar minha reencarnação. Não sinto mais medo do Bernardo. Ele já me perdoou e eu não guardo rancor pelo que me fez. Mas por que voltar ao mundo, enfrentar a vida na matéria se posso ficar aqui onde desfruto de uma vida boa? Mas isso eles não podem descobrir. Tenho que ser esperto.

Em seguida a cena desapareceu e dr. Barcelos tornou:

– Gravou na ficha?

Uma das moças assentiu, e ele continuou:

– Caso resolvido. Encaminhe-o para a reencarnação. Ainda dá tempo de o Bernardo recebê-lo como filho.

Dr. Barcelos pediu que continuássemos concentrados e eles atenderam mais dois casos. Um de uma mulher, que apesar de ter evoluído, melhorado seu padrão de energias, de tempos em tempos era acometida por ausências, permanecendo algum tempo apática, desmemoriada.

Ela trazia esse problema desde quando estava encarnada, e apesar do progresso alcançado lá, no astral, não havia conseguido solucioná-lo.

Desde que chegara a Alverne, há mais de cinqüenta anos, passara por diversos tratamentos e embora as crises tinham se espaçado, voltavam. Depois de cada crise, ela entrava em depressão, angustiada e custava para reagir.

Dr. Barcelos assumira o caso há mais de dez anos, tentando descobrir a causa desse desequilíbrio.

Ela foi colocada na maca e ele colocou a mão sobre a cabeça dela dizendo:

– Feche os olhos Nice, relaxe, você está entre amigos.

Ela suspirou e obedeceu. A um sinal do dr. Barcelos, duas assistentes aproximaram-se, sendo que uma ficou na cabeceira e a outra do lado oposto ao do médico.

– Vamos começar. – Pediu ele.

Uma colocou a mão sobre a testa, a outra sobre o peito da paciente. Então, uma luz branca, transparente formou-se entre eles, unindo-os, e, aos poucos, foi se transformando em um vértice transparente de fumaça, que circulando rapidamente foi subindo e desaparecendo no teto da sala.

Admirado e atento, eu permanecia observando. Não sei dizer quanto tempo eles continuaram assim. Até que dr. Barcelos disse suavemente:

– Vamos voltar.

Eles abriram os olhos e dr. Barcelos, colocando a mão sobre a testa de Nice, chamou:

– Nice, acorde.

Ela acordou e olhou assustada à sua volta.

– Você está bem? – Indagou ele.

– Agora estou.

– Como se sentiu?

– Houve um momento que tive muito medo. Parecia que uma coisa horrível ia acontecer. Ainda bem que me acordou. Foi só um pesadelo.

– Está tudo bem. Você está muito melhor.

Ela saiu e eu, curioso, queria fazer algumas perguntas. Doutor Barcelos olhou-me e disse com voz firme:

– Agora não. Depois fará quantas perguntas quiser.

Em seguida, outra mulher entrou para tratamento. Apesar de querer demonstrar calma, seus olhos percorriam a sala, inquietos.

– Venha Dalva. – Disse dr. Barcelos, tomando-a pelo braço. – Você é uma pessoa forte, poderosa. Não precisa temer a sua força. Já melhorou muito. Deite-se e relaxe.

Ela obedeceu e ele colocou a mão sobre sua cabeça, mas ela demorou um pouco para adormecer.

Mesmo dormindo, de vez em quando seu corpo estremecia. Seu espírito não estava em paz.

Desta vez o dr. Barcelos chamou dois rapazes e colocou-os um na cabeceira e o outro nos pés da paciente. Por sua vez, o médico colocou uma das mãos no peito e a outra no baixo-ventre.

Concentraram-se e eu vi que uma energia dourada saía da testa dos dois assistentes, formando um fio luminoso e ligando-os. Depois, esse fio rodeou-os há uns vinte centímetros de distância, isolando-os.

Dentro do espaço em que eles estavam, formou-se uma névoa branca, rarefeita, enquanto seus corpos brilhavam coloridos, das mãos do médico saíam energias também coloridas que penetravam no frontal da paciente.

Era um espetáculo maravilhoso, que eu nunca havia visto, apesar de estar trabalhando havia muito tempo. Aos poucos, notei que o corpo da paciente, que estava opaco, começou também a brilhar e transformou-se em luz durante alguns minutos.

Depois, dr. Barcelos levantou as mãos e imediatamente tudo desapareceu.

Calmo, chamou Dalva, que abriu os olhos, sorriu e disse:

– Que pena que acabou.

– Está se sentindo bem?

– Foi maravilhoso.

Ela saiu e ele pediu que continuássemos concentrados, desta vez para agradecer a ajuda conseguida.

O trabalho foi encerrado, saímos da sala e o dr. Barcelos pediu-me:

– Vamos conversar. Venha comigo.

Acompanhei-o até uma sala simples, mas muito agradável.

– Esta é minha sala. Sente-se. O que quer saber?

– Tudo. Os problemas dos lapsos de memória sempre me interessaram.

Ele sorriu:

– Venho estudando esse assunto há muito tempo. Mas confesso que ainda tenho muito a aprender. Gostaria de saber sua opinião sobre os casos que presenciou.

– Bem, o primeiro pareceu-me mais simples. Claro que o rapaz estava com medo de enfrentar a vida na Terra. Mas nesse caso não seria mais produtivo esperar um pouco mais, a fim de que ele se tornasse mais seguro?

– No caso dele, não. Ele tem necessidade de experimentar a própria força. Só assim conseguirá vencer o medo. Nas suas últimas encarnações, usufruiu muito poder político, habituou-se a mandar e a dispor de pessoas que o bajulavam, favorecendo-o de modo que ele não precisava fazer nada a não ser pedir. Acomodou-se. Anulou a própria força e acabou mergulhado no tédio e na falta de confiança da própria capacidade.

Ele já sabe que na próxima encarnação vai atrair muitos desafios para obrigá-lo a resgatar a própria força. Está preparado para isso. Penso que se ele continuar aqui, poderá ter uma recaída.

– Entendo. Ele pode acomodar-se de novo.

– Isso. Ele tem todas as possibilidades de aproveitar muito essa encarnação. Mas, é claro, tudo vai depender de como ele escolher o próprio caminho.

– Já o caso da Nice é mais complicado.

– É desafiador. Mas penso que estamos progredindo bastante.

– Já tentaram a regressão?

– Quando meu grupo começou a atendê-la, nossos antecessores já haviam tentado, mas os resultados não aconselhavam continuar. Ela ficava pior em vez de melhorar.

– Curioso. A regressão localiza a causa dos problemas e facilita sua solução.

– Não no caso dela. Desde o começo, sentimos que deve ter vivenciado um fato tão terrível que preferiu esquecer.

– Foi o que pensei. Todos fazemos isso para evitar o sofrimento. Talvez uma busca nos arquivos das encarnações dela pudesse dar uma pista.

– Foi o que fizemos. Mas aí constatei uma coisa inexplicável. Ao recorrer aos arquivos gerais, descobri que em determinado tempo, também havia um lapso.

– Como assim?

– Fui conferindo as datas e os eventos e descobri que em uma encarnação na Europa, há mais de duzentos anos, havia uma brecha. Faltavam os fatos de dez dias.

– Isso não pode ser. Esses arquivos são completos.

– Não os de Nice. Procurei ajuda dos nossos maiores e eles informaram-nos que foi a força de Nice que criou esse lapso. Eu queria uma solução, mas fui informado de que era preciso esperar que ela mesma fizesse isso para não prejudicar ainda mais seu estado emocional.

– Ela ignora a própria força, o que acontece com muita gente, mas seria bom que ela descobrisse isso.

– Estamos tentando há anos, acredito que estamos conseguindo. Quando, não poderia determinar.

– O que o faz pensar que estão progredindo?

– Os videntes que acompanham cada sessão, informam-nos das mudanças que vêm ocorrendo. Em especial a Mirela. Ela possui a capacidade de penetrar fundo na memória inconsciente das pessoas e nos tem auxiliado muito.

– De que forma?

– Nas primeiras sessões de tratamento, quando chegávamos perto do ponto de suas ausências, Nice, que estava adormecida, acordava apavorada, passava tão mal que não oferecia condições de continuar. Depois de cada sessão custava a se recuperar. Tanto que chegamos a pensar em não continuar, uma vez que não lhe estava fazendo bem. Consultamos nossos superiores que nos estimularam a prosseguir.

– Sob que alegação?

– De que o medo de enfrentar aquela lembrança estava tão vivo em seu inconsciente que ao nos aproximarmos da causa do seu problema ela sentia-se na eminência de passar tudo de novo e repelia o fato com tal força que acordava daquela forma.

Fiquei pensativo por alguns instantes, depois disse:

– Que espírito forte o dela! Conseguiu até apagar os arquivos akásicos. Nunca pensei que isso fosse possível.

– Não é possível mesmo. Eles ainda estão lá. O que ela fez, tentando acabar com eles, foi ocultá-los por um determinado tempo.

– Mas hoje ela não acordou apavorada.

– Por esse motivo eu disse que estamos progredindo. Um dia ela vai desejar enfrentar essa realidade, então estará curada. Como você sabe, essa é a melhor solução.

– Estou pensando nos casos complicados que a medicina encontra na Terra. Se ao menos eles soubessem de todas essas coisas...

– Ajudaria, mas como você vê, mesmo aqui nem sempre temos como resolver certos casos.

– Eu tenho uma dúvida: será que um dos computadores de que dispomos na cidade onde vivo não ajudaria a esclarecer este caso? Não mostraria o fato que provocou esse problema?

– Não creio. Eu mesmo fiz essa pergunta a alguns amigos que tenho lá e eles não conseguiram. Aconselharam uma pesquisa mais profunda no corpo astral, dizendo que essa disfunção poderia ser provocada por uma causa física. Não aceitei essa hipótese.

– Apesar de complexo não podemos esquecer de que o corpo astral ainda é matéria. Isso poderia ser verdade.

Doutor Barcelos sorriu e respondeu:

– Não poderia. Temos estudos da matéria do corpo astral em várias densidades, conforme o nível de evolução do espírito, e sabemos que o que une as energias e materializa esse corpo é o estado do espírito, suas atitudes, suas necessidades emocionais. Logo, sempre que se revele uma disfunção nesse corpo, a causa será invariavelmente fruto do espírito. É o espírito a grande força que move a matéria em qualquer dimensão do Universo.

Tive de concordar. Doutor Barcelos sabia o que estava dizendo.

– Gostaria de acompanhar melhor esse caso. Ficaria grato se depois que eu fosse embora você pudesse me manter informado.

– Será um prazer.

– Temos o caso da Dalva. Nunca havia visto um tratamento como esse. Qual é o caso dela?

– Depressão profunda, devastadora.

– Ela não me pareceu tão mal.

– Está se recuperando bem. Logo terá alta.

– Aquele rapaz que ficou na cabeceira da paciente tem uma luz poderosa.

– De fato. Mário desenvolveu a capacidade de atrair e distribuir energias vitais. Ele vem trabalhando há muitos anos na preservação da natureza, não só na Terra como em algumas dimensões astrais. Tem nos auxiliado muito quando está entre nós. É muito ligado aos devas e a todas as espécies de seres elementais.

– O corpo da paciente antes opaco, criou vida.

– Isso vai durar enquanto ela conseguir manter pensamentos elevados. Você sabe como é isso. O pensamento bom ilumina, o negativo apaga.

– É a eterna luta que temos para dominar nosso pensamento. Se as pessoas soubessem como um pensamento ruim machuca o corpo, atrai doenças, tomariam muito mais cuidado.

– É verdade. Mas mesmo sabendo nem sempre conseguimos vencê-los.

– É o que tentamos aprender quando reencarnamos.

– A densidade da atmosfera de lá permite que nossos pensamentos sejam mais lentos e que possamos estudá-los de uma forma melhor.

Levantei-me sorrindo:

– Obrigado por tudo. Quando eu for embora, gostaria de continuar mantendo contato com seu trabalho.

– Terei prazer em trocar experiências com você.

Despedi-me e saí. Otaviano me esperava do lado de fora e indagou:

– E então, foi bom?

– Foi ótimo. O grupo do dr. Barcelos é muito bom. É difícil encontrar pessoas tão bem-dotadas.

– É verdade. É que aqui confiamos mais na potência do espírito que nas facilidades que as máquinas oferecem.

– Já sei. – Respondi sorrindo. – Você acha que o uso das máquinas acaba por bloquear nosso potencial.

– Não disse isso. Nós também temos algumas delas aqui e usamo-las com sucesso. O que não aceitamos é que elas possam substituir a criatividade do nosso espírito. Essas pessoas que você viu preferem confiar mais no que sentem do que no que muitas pesquisas afirmam como verdadeiras.

– Neste caso vocês estariam anulando a ciência.

– Não. Nós estamos verificando se o que os cientistas afirmam é verdade mesmo. Se suas teorias são verdadeiras.

– É uma forma de pensar. Também penso que não podemos aceitar tudo o que os cientistas dizem como verdade absoluta. Tenho visto que o mundo científico evolui e, conforme avançamos no conhecimento, vai modificando suas afirmações.

– O que prova que eles, apesar de suas teorias, enganam-se também.

Não é que ele tinha razão? Nós temos forte tendência em aceitar as opiniões de pessoas que consideramos abalizadas sem questionar. Contudo, o próprio progresso da ciência demonstra o quanto seus adeptos já se enganaram.

Então você vai dizer: nesse caso em quem confiar? Eles estudaram o assunto no qual opinam, pesquisaram, experimentaram. Se eles não estão aptos a nos ensinar, ninguém está.

Eu sempre pensei assim, mas agora, diante do que estava aprendendo naquela comunidade, começo a pensar de forma diferente.

Não é que devemos deixar a ciência de lado, mas sim agirmos com bom senso. O progresso nos trouxe várias facilidades, mas também o risco de nos entregarmos ao comodismo, deixando de questionar e nos tornando dependentes dos outros.

Não podemos nos esquecer de que somos espíritos eternos e que ainda desenvolvemos muito pouco nossos potenciais. O progresso veio para nos auxiliar, não para que atrofiemos nossa capacidade, confiando mais no que os outros ensinam.

Você vai dizer que eles vivenciaram e tiraram conclusões das próprias experiências e, portanto, sabem o que estão dizendo.

Até certo ponto sim, mas eu pergunto: com que olhos será que eles viram tudo o que estudaram? Que tipo de vida e de momentos viveram ao longo das encarnações que formaram suas crenças? Quais foram suas escolhas e até que ponto suas emoções influenciaram suas conclusões?

Difícil dizer. Mil pensamentos brotavam em minha mente e eu senti que precisava pensar melhor. Rever algumas crenças que prazerosamente alimentara até então.

# 17

Olhando os raios solares que penetravam através das cortinas da janela eu pensava em tudo quanto aprendera em Alverne.

Eu fiquei envolvido em múltiplas atividades e o tempo passou rápido.

Faltava apenas uma semana para acabar aquela viagem e eu sentia que gostaria de ficar um pouco mais.

As experiências do dr. Barcelos me interessavam bastante. Eu havia voltado ao hospital e com ele estudado mais alguns casos. Perceber a capacidade dos seus assistentes, alguns dos quais tão especializados na captação de energias e na forma de distribuí-las, conseguindo resultados tão positivos que eu não imaginava ser possível, deixava-me encantado.

Conversei com Otaviano sobre isso, ao que ele esclareceu alegre:

– Esse resultado, qualquer pessoa de nossa cidade que se interesse em desenvolver suas capacidades poderá conseguir. Claro que cada um em seu nível e em sua vocação.

– Eu sei que é preciso ter um bom padrão energético para morar aqui. Mas o que me chama atenção é que na cidade onde resido, temos o mesmo padrão daqui, no entanto, não vi lá qualidades pessoais como as que existem aqui.

– Como assim?

– Em alguns auxiliares do dr. Barcelos notei pessoas com alto desenvolvimento no trato com as energias, provocando transformações incríveis com excelentes resultados.

– Do que se admira? Nosso espírito é dotado de imensa capacidade.

– De fato, essa é uma verdade que todos acreditamos. Mas eu confesso que nunca havia encontrado pessoas com tanta capacidade.

– Na verdade, tudo está em nosso interior, mas temos que trabalhar para aprender a usá-las. Para isso, precisamos exercitar muito. E o resultado aparece.

Calei-me envergonhado. Eu chegara àquela cidade pretendendo provar-lhes que os métodos usados em nossa comunidade, além de mais modernos, eram superiores. Que pretensão!

Eu que pensava ter vencido meus repentes de vaidade, notei o quanto ainda estava enrolado nela. Eu que pensara em ensinar-lhes alguma coisa, acabara descobrindo que eles é que podiam ensinar-me que há outros modos de fazer as coisas, tão bons ou até melhores que os nossos.

Apesar dessa constatação, uma coisa ficou clara na minha cabeça: a vida é tão rica, tão criativa, trabalha com tal diversidade e perfeição que dá a cada um a possibilidade de escolher como desenvolver seus conhecimentos.

Que beleza! Que maravilha! Uma onda de emoção me acometeu e eu abri as cortinas, deixei o sol entrar na sala e não contive um pensamento de gratidão à fonte da vida por ter me deixado perceber tudo isso.

Um leve sinal indicou-me que havia alguém do lado de fora. Senti a presença de Otaviano e fui abrir alegre.

Depois dos abraços, ele me disse contente:

– Vim avisá-lo de que Joaquim vai chegar hoje.

– Que bom! – Exclamei. – Tenho muita vontade de conhecê-lo.

– Ele esforçou-se para vir, sabendo que você tem apenas mais uma semana para ficar aqui.

– Estava pensando nisso quando você chegou. Minha estada, além de prazerosa tem me ensinado muito.

– Se desejar prolongar um pouco mais, fique à vontade.

– Talvez em outra ocasião. No momento não posso. Preciso voltar ao trabalho. Deixei alguns projetos em andamento e preciso dar continuidade.

– Nesse caso, não vamos insistir. Joaquim só deverá chegar mais tarde. Dispomos de algum tempo. Gostaria de conhecer o Instituto de Pesquisas Naturais, no qual Engracia realiza suas experiências?

– Gostaria muito.

– Nesse caso, vamos.

Saímos. O dia estava lindo e a temperatura agradável. O sol em Alverne, apesar de tornar o dia muito claro, não era tão forte como o da Terra. Não sei se por causa da atmosfera daquele lugar ou se pela composição do nosso corpo astral, muito diferente de quando estamos encarnados.

O que posso afirmar é que aqui a claridade do dia é mais limpa, sem nuvens, o que faz sobressair o colorido de tudo. As flores são mais vivas, o branco é mais branco e todas as cores são mais bonitas e puras.

Olhando em volta é como se estivéssemos andando dentro de um cartão postal, daqueles que comprávamos na Terra, sonhando com essa beleza que naquele tempo só era possível em nossa imaginação.

Não é que elas existiam mesmo? Quando eu estava no mundo nunca imaginei que elas existissem em algum lugar e que eu poderia contemplá-las ao vivo e a cores. Que maravilha!

Pensando nisso, andando pelas ruas de Alverne, tenho certeza de que os artistas que criam esses cartões na Terra já devem ter passado por aqui. Claro. Materializaram no mundo essas belezas.

Aliás, segundo sei, quando reencarnamos, embora esquecidos temporariamente do passado, guardamos no inconsciente essas reminiscências e procuramos materializá-las. É saudade da nossa vida astral, onde está nossa verdadeira casa e de onde nos afastamos para novas experiências, porém sempre voltamos para prosseguir em busca do nosso aprimoramento interior.

– Você está pensativo. – Comentou Otaviano, sorrindo.

– A beleza deste lugar me torna romântico.

– Eu sei. Eu também adoro este lugar.

– Nós somos pessoas felizes. Temos o privilégio de desfrutar de tudo isso.

– Estive de passagem em sua cidade. Gostaria de conhecê-la melhor.

– Quando quiser. Terei o maior prazer em recebê-lo em minha casa e mostrar-lhe as belezas que há por lá.

– Irei assim que puder. É aqui. Chegamos.

Paramos diante de um enorme portão, igual aos de ferro trabalhado que existem na Terra, rodeado por um muro alto. Ele disse o nome, o portão abriu.

Entramos em um jardim muito bem cuidado; no centro havia um prédio de três andares, linhas retas, janelas altas, estilo dos que havia no Brasil no começo do século vinte.

Fomos para um hall, um porteiro nos cumprimentou atencioso. Otaviano conduziu-me a um salão; as paredes eram transparentes, permitindo que os raios solares entrassem sobre os tapumes que de tamanhos diversos, forravam o chão.

Sobre eles havia plantas de diferentes espécies e tamanhos, algumas floridas, outras de folhagens ornamentais.

O que me chamou a atenção foi que o solo de cada tapume, onde elas estavam plantadas, era diversificado. Isto é, cada um de uma cor diferente.

Algumas tinham uma cobertura de um véu delicado, meio azulado. Curioso indaguei:

– Por que o solo é tão colorido e diferente dos jardins da cidade?

Otaviano explicou:

– São pesquisas em andamento. Como você sabe, Engracia demorou um pouco para conseguir bom resultado nesta cidade; não havia jardins como agora. Para conseguir isso, ela juntou-se com alguns cientistas interessados e começaram a pesquisar. Tiveram a idéia de misturar com o solo alguns elementos que filtravam da atmosfera, juntaram alguns recursos já existentes e conseguiram chegar ao que é hoje.

– Excelente resultado. Os jardins são lindos.

– Mas eles não pararam no sucesso. Continuaram as pesquisas como você pode ver aqui.

– A beleza é fundamental, eleva o espírito.

– É verdade. O esforço deles, porém, atraiu a atenção dos médicos da cidade que se juntaram a eles e criaram neste Instituto um departamento de pesquisas voltadas à cura, com excelentes resultados.

– Eu estava pensando exatamente nisso. Apesar de quando eu estava no mundo haver deixado a medicina pelo teatro, ainda sinto vontade de curar as pessoas. Acredito que na natureza há elementos para curar todas as doenças. Em nossa cidade continuo acompanhando todos os progressos nessa área.

– Nesse caso vamos passar ao departamento de cura.

Acompanhei-o, pensando na generosidade da vida. Seja onde for que você for chamado a viver, seja na Terra ou em outras dimensões, sempre haverá alguma coisa para aliviar seus sofrimentos, sejam físicos ou emocionais.

Ao entrar no imenso salão, notei logo que era completamente diferente do anterior. Havia filtros transparentes em que os líquidos coloridos passavam, alguns efervescentes, outros gelatinosos. Sobre um balcão, formas que continham massas cada uma de uma cor. Algumas mais densas, outras transparentes.

Era um espetáculo tão lindo, difícil de descrever a vocês, mas me fez lembrar uma confeitaria muito apetitosa e agradável.

– Que bonito! – Exclamei admirado.

– Também acho. Eu poderia chamar isto de nossa farmácia. Temos remédios para todos os males. Inclusive placebo.

Sorri satisfeito. Eu já havia encontrado pessoas que, mesmo depois da morte, desejavam continuar tomando remédios que se habituaram no mundo.

– Em nossa cidade também temos esse tipo de auxílio.

– Mas não pense que todos os nossos remédios são para isso. Mesmo aqui, onde para poder morar é preciso certo padrão espiritual, há pessoas que são tão impressionáveis que não conseguem esquecer os problemas que passaram no mundo. Com isso, sentem dores, angústias, pesadelos, remorsos, culpas etc. Por tudo isso, além do socorro psicológico, espiritual, há a necessidade de ajudar com algum medicamento.

Sorri satisfeito.

– As pessoas no mundo não pensam que a vida aqui seja assim, mas depois da morte, cada um continua sendo o que foi. As mudanças ocorrem, mas a vida não dá saltos. Tudo tem continuidade, seja onde quer que você viva.

– Depois da morte física, a vida continua de maneira natural, sempre nos oferecendo condições de aprendizagem e de desenvolvimento.

Fui apresentado ao encarregado que satisfez todas as

minhas curiosidades, explicando como eram realizadas as pesquisas e quais eram as mais recentes descobertas.

Por se tratar de um assunto técnico, cujas bases são diferentes das que se usam no mundo, uma vez que as condições desta dimensão são específicas, não vou transcrevê-las para vocês. Só posso dizer que fiquei encantado com o trabalho deles.

Eu que imaginara que na cidade em que moro tínhamos um padrão de conhecimentos científicos superior ao de Alverne, tive de reconhecer que estava enganado.

Embora eles trabalhassem de outra forma, utilizando mais o potencial das pessoas do que os aparelhos considerados as últimas descobertas da ciência, tão em moda em minha cidade, os resultados eram iguais ou até melhores que os nossos.

Esse sistema também fora positivo para os pesquisadores, fazendo com que desenvolvessem uma capacidade muito grande de captação, o que tornava muito mais rápido os atendimentos e o que me surpreendeu, com um porcentual maior de acerto.

Eu ainda não havia encontrado pessoas tão intuitivas, com tanta capacidade de trabalhar com as energias, como as que conhecera em Alverne, o que deu voltas em minha cabeça, fazendo-me imaginar as coisas que eu faria quando regressasse a minha cidade.

Depois de visitarmos Engracia na administração, onde trocamos idéias sobre o Instituto, despedimo-nos.

Eu estava encantado, meditando sobre a maravilha do Universo, a perfeição da Inteligência Divina, que tudo organizou de maneira perfeita em nosso benefício.

Foi com o coração cheio de gratidão que voltamos para casa. Otaviano despediu-se:

– Joaquim deverá chegar mais ou menos dentro de uma hora. Vou sair agora, mas voltarei a tempo de recebê-lo.

Depois que ele se foi, sentei-me ao lado da janela e, observando os raios de sol que se despediam na tarde que morria, voltei meu pensamento à Divina fonte que tão inteligentemente cuida de todos nós, sentindo dentro de mim o calor da gratidão e do respeito para com a vida.

É uma benção podermos participar deste banquete, melhor ainda, de sermos parte integrante e atuante de tudo o que nos rodeia, sem perder nossa individualidade.

Lembrei-me das pessoas que eu amo, algumas distantes ainda, mas outras com as quais convivo com alegria, e agradeci a Deus por ter me dado a vida, uma consciência capaz de perceber, uma sensibilidade capaz de sentir.

Nesse momento de introspecção, muitas lembranças que me eram caras reapareceram, fazendo-me sentir as mesmas emoções de quando as vivi.

# 18

O carrilhão da sala deu oito badaladas, fazendo-me despertar. Levantei-me olhando em volta e querendo me situar, notei logo vozes alegres que vinham da porta.

Várias pessoas conversavam alegremente no hall de entrada e, depois de recompor minha aparência, fui ao encontro delas.

Dorotéia estava entre essas pessoas e aproximou-se de mim, sorrindo:

– Como vai? Viemos abraçar nosso amigo Joaquim.

– Vou bem. É muito bom vê-la novamente. Estou ansioso para conhecê-lo.

Um dos presentes virou-se, estendeu os braços e sorriu. Era alto, magro, elegante, usava calça justa, camisa de mangas compridas e um colete. Tinha testa larga, vastos cabelos ondulados que lhe cobriam a nuca, olhos verdes e vivos, dentes claros e bem distribuídos.

Fixei-o e senti logo que era uma pessoa especial. Abracei-o, dizendo:

– Seja bem-vindo na volta ao lar.

– Obrigado por ter cuidado com carinho de tudo enquanto estive fora.

– Eu é que agradeço sua hospitalidade.

– Eu queria ter voltado antes para poder usufruir sua companhia por mais tempo. Mas não foi possível.

– Ainda temos uma semana.

– Vamos aproveitar cada minuto. Eu já tinha ouvido falar de você e estava ansioso para encontrá-lo. Mas vamos passar para a sala.

Éramos sete pessoas e nos acomodamos na sala. Um dos presentes perguntou a Joaquim:

– Você deve ter estado na crosta. Que notícias traz?

– Infelizmente, não são as que gostaríamos. Há muita violência e o sofrimento continua, principalmente para aqueles que resistem ao bem. – Respondeu Joaquim. – Mas, apesar disso, há no meio deles muitas pessoas do bem, interessadas em viver melhor.

– É que aqui só temos ouvido falar do horror que há por lá, onde a vida humana parece que não vale mais nada. – Acrescentou uma das mulheres.

– As pessoas prestam mais atenção ao mal do que ao bem. Falam mais do que é ruim e não comentam o que é bom. – Esclareceu Joaquim. – Eu prefiro falar das coisas boas. Atualmente, na Terra, as pessoas estão despertando para sua própria responsabilidade diante da vida. Estão descobrindo que, em primeiro lugar, cada um precisa cuidar de si mesmo. Esse conceito está abrindo as portas da consciência para a verdade.

Joaquim fez ligeira pausa, e notando o interesse com que era ouvido, continuou:

– Todas as escolas que trabalham pelo progresso da humanidade, seja no astral ou na Terra, estão se empenhando em conscientizar as pessoas de que só conquistarão a felicidade pelo esforço próprio.

– Estou aprendendo isso a duras penas. – Interveio uma senhora.

– Todos estamos. – Respondeu outro companheiro. – Ainda não nos libertamos dos conceitos do mundo, cujos valores estão invertidos. As pessoas estão cansadas de sofrer, desiludidas, sem rumo.

Joaquim retomou a palavra:

– É por essa razão que o momento é favorável ao esclarecimento da verdade. Notei muita movimentação nesse sentido. Várias cidades astrais, mais esclarecidas, deslocaram grupos de pessoas interessadas em renovar as idéias, reformar a sociedade terrena. É a Nova Era em ação. Vários deles, reencarnados no mundo, estão formando grupos de educação emocional, inspirados por companheiros astrais. Os resultados já se fazem sentir na mudança de opiniões de muitos que acordaram para a sua própria responsabilidade diante da vida. Nosso amigo Silveira, que está nos dando o prazer de sua companhia, já realiza esse trabalho com bastante sucesso. Conte-nos sua experiência.

– Há alguns anos, juntei-me a um grupo que reencarnou para trabalhar nessa área e temos desenvolvido um trabalho que, embora modesto, tem obtido resultados muito positivos.

Notando que ouviam com interesse, continuei:

– Escrevi alguns livros que foram publicados na cidade de São Paulo, mas que hoje percorrem todo o Brasil. Quando o primeiro livro foi publicado, eu e o grupo que trabalha comigo, dedicamo-nos a uma pesquisa dos resultados. Acompanhamos cada livro e as reações das pessoas que os liam. Com muitas delas, entramos em contato com os espíritos que eram ligados a elas, pedindo-lhes que no momento da leitura, envolvessem-nas para inspirar-lhes novas idéias, ajudando no processo de esclarecimento.

– Deve ter sido interessante. – Tornou Joaquim.

– Confesso que foi emocionante. Muitas vezes acompanhei amigos meus que ainda estavam no mundo, querendo abrir-lhes os olhos para a vida espiritual. Principalmente aqueles cujo desencarne eu sabia que estava próximo.

– Conte-nos alguns. – Pediu uma senhora.

– Bem, eu vivi na cidade do Rio de Janeiro. Residia lá um artista famoso, humorista de nome, cuja esposa era pessoa de fé, lia os livros espiritualistas. Ela insistia para que o marido lesse esses livros, porém ele não queria. Não se preocupava com espiritualidade, não acreditava em vida após a morte. Fiquei sabendo que ele deveria desencarnar em breve de uma forma inesperada e, embora eu não soubesse a data certa, achei que seria muito bom para ele se preparar, conhecer o que acontece quando o corpo morre etc.

Eu sabia que ele desejava escrever uma peça de teatro e o inspirei para que lesse um dos meus livros. Ele começou a ler e nós aproveitamos o enfoque mental dele para inspirá-lo de tal sorte que ele entusiasmou-se e resolveu escrever a peça sobre o tema do livro.

Eu e meu grupo ficamos ao lado dele até momento em que, estando dormindo em sua cama, uma bala perdida o fez regressar. Fomos recebê-lo muito emocionados. No início ele não entendeu bem o que havia acontecido, confundia o sonho com a realidade, mas pouco tempo depois melhorou, entendeu a nova situação e ficou bem.

Confessou-me emocionado. A leitura do meu livro, pouco tempo antes de sua morte, fez com que ele refletisse sobre o destino dos seres, ajudando-o a encarar esse momento com coragem, auxiliando-o a aceitar a maneira brusca e inusitada que lhe tirara a vida física.

– É maravilhoso saber que quando estamos encarnados, esquecidos do passado, existem pessoas que se dedicam a nos proteger, esclarecer. – Comentou uma senhora.

– De fato – tornou Joaquim –, é confortador. Mas por outro lado, todos nós estamos ligados à vida terrena, de uma forma ou de outra. Alguns deixaram lá seus entes queridos, outros se preparam para voltar. Em ambos os casos, é nosso interesse contribuir para a melhoria da sociedade no mundo, trabalhando na construção do bem.

Nesse momento, Otaviano e Engracia chegaram, abraçando a todos, e a conversa continuou alegre e agradável.

Uma hora depois, as pessoas foram se despedindo. Finalmente fiquei sozinho com Joaquim.

Apesar da boa disposição que ele demonstrava, discorrendo sobre as novidades na Terra de maneira positiva, senti que alguma coisa não estava bem. Contudo, não me atrevi a perguntar.

Foi ele que, com naturalidade, tocou no assunto que o incomodava.

– Há momentos na vida em que é preciso parar, respirar fundo, renovar o ânimo antes de prosseguir.

– Sinto que o amigo está triste.

– Estou. Triste e frustrado. Não sei o que fazer.

– Nesse caso é melhor não fazer nada. Quando me sinto assim, espero a crise passar para que as idéias possam clarear.

– Foi o que pensei. Voltei não só para poder conhecê-lo pessoalmente, mas também porque senti a necessidade de refletir sobre o que estou fazendo da minha vida agora. Talvez eu esteja me iludindo, acreditando que posso ajudar as pessoas que amo.

– De tanto querer que elas sejam felizes, muitas vezes acreditamos que nosso amor e boa vontade sejam suficientes para isso. Nós nos esquecemos que cada um age com a própria cabeça e possui outras prioridades que são diferentes das nossas.

– Estou nessa encruzilhada. Tudo o que sabia fazer, fiz para ajudar a Maria e meus dois filhos que renasceram outra vez como filhos dela.

– Você foi corajoso, tentando enfrentar uma situação dessas. Afinal, ela agora está casada com outro.

– No começo foi difícil aceitar a união dela com Ariel. A custo venci o ciúmes que sentia quando os via trocando beijos. Eu sabia que nossos dois filhos precisavam voltar com ela, por esse motivo me esforcei para superar essa minha fraqueza, porquanto desejava sinceramente ajudá-los a vencer os desafios dessa nova vida e enquanto eu não me elevasse o suficiente, não eliminasse esse ponto fraco, não obteria permissão para aproximar-me deles.

– Avalio seu esforço.

– Pois foi. Fiz o que pude. Até que consegui permissão. O que eu sabia sobre Ariel, o homem que assumiria o novo lar deles, deixava-me apreensivo. Não tive acesso à ficha dele, mas alguns amigos que o haviam conhecido na última encarnação, descreveram-no como um homem vaidoso, violento e de pavio curto.

– Você ficou preocupado.

– Como não ficar? Logo Maria, sempre tão pacata, ingênua, passiva. Isso seria terrível para ela. Depois, nossos dois filhos que deveriam nascer nesse lar eram iguais a ela, delicados. Não me conformei e procurei meu superior, pedi-lhe que interferisse e não permitisse que isso acontecesse.

– E ele interferiu?

– Não. Recebeu-me com carinho, ouviu-me com atenção, mas disse que não era possível fazer nada. Eu tentei mostrar-lhe o quanto seria penoso para Maria conviver com aquele marido, que esse casamento iria torná-la revoltada e agressiva.

– E ele respondeu que era isso justamente o que a vida queria fazer.

Joaquim olhou-me sério:

– Como é que você sabe?

– Claro. Ela tem a ilusão de que fazendo tudo para agradar os outros e esquecendo suas próprias necessidades, vai ser amada, respeitada. Isso não é verdade. Com essa atitude ela só atraiu sofrimento e desilusão.

– Pois foi. Ela tornou-se amarga, deprimida. Meu superior tentou convencer-me de que a convivência de Maria e nossos dois filhos com Ariel, iria despertar neles a própria dignidade. No início seria a revolta, depois a reação de defesa, e por fim a convicção de que cada um precisa cuidar de si mesmo, trabalhando primeiro pelo próprio progresso e bem-estar, para depois, se desejar e puder, ajudar aos demais.

– Eu sei como é. A vida provoca, cria situações desafiadoras, muitas vezes opostas, a fim de forçar nosso comodismo e empurrar-nos para o amadurecimento.

– Naquele tempo eu não sabia disso. Mas hoje, depois do que passei nos últimos dias, concordo plenamente. A situação familiar de Maria é a pior possível. Ontem tive consciência de que minha permanência ao lado deles é inútil e que não vou conseguir nada do que gostaria. Senti-me impotente. Não reconheci em Maria aquela mulher pacata de outros tempos.

– Ela mudou?

– Se mudou? Nem parece a mesma pessoa. Eu já havia presenciado algumas brigas dela com Ariel. Maria sempre chorava muito, eu tentava consolá-la, doando-lhe energias boas. Ariel é um homem perverso, intolerante. Por qualquer coisa parte para a agressão física. Ontem, por ela ter descoberto que ele a está traindo, ele irritou-se e partiu para a agressão. Então, o rosto dela se transformou. Em vez de chorar, Maria apanhou um vaso de louça e o atirou sobre a cabeça dele. Apanhado de surpresa, ele ficou tonto e perdeu o equilíbrio. Ela pegou um pedaço de pau e caiu sobre ele, batendo com tanta força que eu perdi o rumo. Tentei acalmá-la, mas confesso que eu mesmo estava pasmo e precisando de ajuda. Foi horrível.

– Você não esperava essa reação, mas ela foi natural. As pessoas têm um limite. Ela reagiu assim porque ele passou dos limites que ela poderia suportar.

– Pois foi. Ela gritava dizendo para ele nunca mais levantar a mão para ela. Se ele fizesse de novo ela o mataria. Fiquei apavorado. Maria não era disso.

– O que aconteceu depois?

– Apesar de atordoado com aquelas energias ruins, não fui embora temendo a reação dele. Ele olhou-a com raiva, levantou-se e fechou-se no banheiro. Preocupado, fui atrás. Ele lavou o rosto que começava a inchar, examinou os lábios, em que havia um pequeno corte. Apanhou, no armário, o vidro de água oxigenada e passou nos lábios, fazendo uma careta porque certamente ardeu.

Notei que ele não estava furioso como eu pensava. Examinou os sinais da agressão. A pele estava vermelha, e ele procurou dissimulá-la, passando um pouco de pó-de-arroz por cima. Depois, penteou os cabelos e saiu. Eu o acompanhei. Maria estava na cozinha e eu senti o cheiro de café. Ele passou pela cozinha, mas não entrou, foi até a porta da rua e saiu, batendo-a com força. Você acredita que ele não fez nada contra ela?

– Acredito. Pela primeira vez Maria o tratou de igual para igual e ele entendeu isso.

– Eu, porém, fiquei arrasado. Não sei lidar com uma situação dessas. Maria não é mais aquela mulher que eu conheci e amei.

– Pelo contrário. Agora é que ela está começando a fazer alguma coisa por si mesma. Esse foi o primeiro passo para ela começar a mudar.

– Eu prefiro a Maria que ela era, dócil, pacata. Agora, está violenta demais. Desse jeito não poderá vir para cá quando desencarnar.

– Eu penso que a reação dela foi positiva. De repente, ela se deu conta de que precisava reagir. Havia chegado ao limite da sua tolerância e sua raiva explodiu.

– Fiquei descontrolado. O que será dela daqui para frente? Eu desejo continuar ajudando, mas receio não ter estrutura para assistir a outra cena dessas.

– Talvez depois disso Ariel controle-se um pouco mais.

– Será?

– Claro. Ela reagiu de uma forma que ele entende. Daqui para frente pensará melhor antes de levantar a mão para bater nela.

– Você acha mesmo?

– É o mais provável. Maria mostrou-lhe que ele passou dos limites e que ela não está mais disposta a suportar esse tratamento. Ele passará a respeitá-la mais.

– Quer dizer que no fim tudo isso vai resultar em algo melhor?

– Pelo que sei da vida, é o que vai acontecer. Por que seria colocado um espírito como ele ao lado de Maria, senão para que ela reagisse e aprendesse a restaurar a dignidade?

Joaquim ficou pensativo durante alguns segundos, depois me disse:

– Acho que você está certo. Eu fiquei tão assustado com o fato, descontrolei-me e não consegui raciocinar melhor.

– Ela agora deve estar aliviada, sentindo-se mais forte, mais capaz. Quando você voltar lá, perceberá que ela está mudada, mais lúcida, mais forte, mais mulher.

– Isso me faz pensar que talvez eu não tenha sido o marido ideal para ela. Sempre a tratei com doçura, carinho, encobria as coisas ruins para que ela não sofresse. Quando nossos filhos agiam errado, eu fazia tudo para que ela não soubesse. Quando ela desencarnou, não quis ouvir o enfermeiro que foi buscá-la. Preferiu ficar ao lado dos nossos filhos e, então, descobriu os problemas que eu fizera de tudo para encobrir.

– Você desejou poupá-la, porém a vida não poupa ninguém, porque quer que a pessoa aprenda a lidar com seus desafios.

– Tivemos quatro filhos. Dois eram mais equilibrados, não deram trabalho. No entanto, o mais velho não gostava de trabalhar, tornou-se profissional de carteado, mas roubava no jogo. O mais novo, não gostava de estudar nem trabalhar, acabou se tornando gigolô. Fiz de tudo para que eles se tornassem pessoas de bem. Conversei, implorei, ameacei, mas de nada valeu. Além do que descobriram que eu faria qualquer coisa para que Maria não soubesse e usavam isso para me chantagear.

– Não deve ter sido nada fácil.

– Não foi mesmo. Mas enquanto Maria viveu não soube de nada.

– Só descobriu depois que morreu.

– Foi. Ficou com raiva de mim por haver ocultado a verdade, culpando-me porque achava que se tivesse descoberto tudo, teria conseguido recuperá-los.

– As pessoas não mudam porque nós queremos.

– Claro. Hoje eu sei. Ninguém muda ninguém. Essa é uma ilusão que sempre nos custa muito caro. Mas Maria ainda não sabia disso. Nos primeiros tempos, quando eu ia visitá-la, não queria me ver. Mas com o tempo ela melhorou e descobriu a verdade.

– O tempo é um santo remédio.

– Mas o amigo veio visitar nossa cidade e eu estou incomodando-o com meus problemas. Desculpe, é que fiquei descontrolado. Isso me entristece. Eu acreditava que já havia conquistado mais equilíbrio emocional, porém estava enganado.

– Conquistar o equilíbrio emocional é uma necessidade de todos nós. Conforta-nos saber que um dia, Deus sabe quando, ainda conseguiremos.

– Será que nas esferas superiores eles já conseguiram?

– Acreditamos que sim. Mas como para nós ainda há vários níveis a conquistar, não sabemos a partir de qual estão os que já conseguiram.

– Mas diga-me, como tem sido sua estada em Alverne?

– Muito boa. Estou apreciando cada minuto. Infelizmente, só tenho mais uma semana.

– Por que não fica um pouco mais?

– Não posso. Assumi um trabalho e há uma equipe a minha espera.

Joaquim sentou-se pensativo e notei que continuava triste. Perguntei:

– Diante dos últimos acontecimentos, o que pensa fazer?

– Não sei. Desde que desencarnei tenho pensado só em ajudar a família. Mas tudo o que fiz até agora deu em nada. Estou desanimado.

– Talvez seja o momento de pensar em você.

– De tanto me preocupar com eles esqueci de mim. Já nem sei do que gosto, o que quero. Condicionei minha felicidade à felicidade deles e não sei o que fazer.

– Quando não sabemos o que fazer, é melhor não fazer nada, deixar a vida trabalhar.

– Assusta-me essa falta de rumo, parece que estou num vazio sem tamanho.

– Aceitar as coisas como são, ajuda muito.

– Mas não é fácil. Desde que regressei, fiz um projeto e nele investi todas as minhas energias. A consciência do meu fracasso me deixa frustrado.

– Para que um projeto de equilíbrio familiar dê bons resultados, é necessário que todos os envolvidos estejam conscientes dele e desejem colaborar.

Joaquim olhou-me admirado, permaneceu calado durante alguns segundos, depois respondeu:

– Você acaba de diagnosticar a causa do meu fracasso. Eu achei que poderia fazê-los mudar, mas não consegui. Cada um estava envolvido em seus próprios interesses e não desejava sair.

– As pessoas só mudam quando querem. Reconhecer essa verdade já é um progresso.

– Mas dói e deixa um sabor amargo.

– Não se deixe levar pelo desânimo. Nossa responsabilidade com os filhos cessa quando eles se tornam adultos. A partir daí, precisam aprender a andar com as próprias pernas. Você não entendeu isso, continuou apegado, querendo resolver os problemas deles. Essa preocupação tornou-se um fardo e a vida o aliviou dele. Mas, em vez de sentir-se leve, tentar retomar sua vida pessoal, reencontrar a alegria de viver, seguir adiante, livre, podendo escolher novos caminhos, você está triste, frustrado, querendo recolocar nos ombros o fardo perdido.

Joaquim olhou-me surpreendido, como se eu tivesse dito alguma coisa impossível.

– É isso mesmo, meu amigo. Se nós não podemos mudar os outros, precisamos aceitar que a vida tem seus próprios meios, e com mais sabedoria e eficiência fará isso a seu tempo. Mas por outro lado, somos livres para fazer o que quisermos, cuidar da nossa felicidade, porque essa conquista depende somente de nós. Já pensou nas coisas boas que poderá fazer de agora em diante?

Os olhos dele brilharam, comovidos. Abraçou-me, dizendo:

– Obrigado por me abrir os olhos. Vou deixar de lado minha pretensão de querer consertar as pessoas. É uma ilusão. Talvez eu possa retomar alguns projetos pessoais que abandonei há muitos anos.

– Vamos falar sobre eles.

Sentamo-nos na sala e continuamos conversando. Falando sobre seus antigos objetivos, Joaquim, aos poucos foi se entusiasmando e pudemos trocar experiências interessantes.

Foi então que pude conhecer a riqueza de seu espírito, sua sabedoria. A conversa estava boa e o tempo foi passando depressa. O dia já estava amanhecendo quando concordamos em ir dormir.

# 19

Minha última semana em Alverne foi muito proveitosa e o tempo passou depressa. Joaquim levou-me a muitos lugares interessantes.

Ele era bem relacionado com pessoas de outros setores de atividades, algumas fora dos limites, sob a direção de Otaviano.

Difícil seria descrever para vocês tudo o que vi por lá, mais por falta de termos comparativos do que pela situação em si.

Mas posso dizer que todas as experiências que presenciei em Alverne são, tanto quanto as que existem na cidade astral onde eu vivo, direcionadas à conscientização do espírito, diante da sua responsabilidade para com seu próprio progresso, levando-se em consideração o fato de que ele um dia deverá voltar a reencarnar na Terra.

Na minha última noite naquela cidade, Otaviano programou uma reunião de despedida em sua casa.

Antes de sairmos para a reunião, Joaquim aproximou-se e disse:

– É uma pena que você precise ir. Sua presença aqui tem sido gratificante para mim. Suas palavras ajudaram-me a enxergar a verdade e superar minha frustração. Além do que eu ainda teria muitas coisas interessantes para lhe mostrar.

– Esta estada tem sido maravilhosa. Nunca esquecerei o que aprendi aqui. Mas espero que possamos nos visitar outras vezes. Eu também gostaria de apresentá-lo a meus amigos. Quando quiser ir até lá, terei grande prazer de hospedá-lo em minha casa.

– Otaviano já esteve de passagem em sua cidade. Eu não. Até então, você sabe, eu estava cego, só conseguia ver as necessidades dos meus. Quando penso nisso, sinto-me envergonhado. Não me conformo por ter perdido tanto tempo inutilmente.

– Nada é inútil quando aprendemos alguma coisa. E você aprendeu muito. Depois, fez o que seu coração pedia.

– Tem razão. Cada dia que passa, tenho me sentido mais leve, olhando a vida com mais entusiasmo. Parece que estou adolescendo.

– Você está retomando sua alegria. Isso é muito bom.

– De fato. Acho até que nesta semana rejuvenesci.

– Bem que notei, toda a mudança interior se reflete no físico. Você está mesmo muito bem.

– Ainda ontem estive no Círculo Literário e interessei-me por um grupo de danças brasileiras. As inscrições estavam abertas e eu me inscrevi.

– No dia em que estive lá eles estavam dançando xotes, uma dança antiga.

– Ontem havia lá uma moça cantando umas valsas tão lindas que me comoveu.

– A música ou a moça?

Os olhos dele brilharam marotos ao responder:

– As duas.

– Foi o que pensei. Uma linda canção cantada por uma linda mulher sempre conquistam.

– Isso não quer dizer que eu esteja interessado nela.

– Mas sim que você está começando a procurar outros interesses, o que é bom e saudável. Afinal, agora você está livre dos compromissos antigos.

Ele ficou um pouco pensativo, depois respondeu:

– Eu ainda amo a Maria.

– Você ama a Maria que pensava que ela fosse. Será que vai continuar a amá-la do jeito que ela se tornou agora?

– Essa é uma desconhecida. Não é a minha Maria.

– Depois das experiências que ela está vivendo agora, nunca mais será como antes. Certamente, porém, será mais autêntica, mais de acordo com o seu verdadeiro temperamento.

– Não posso aceitar que ela tenha mudado tanto.

– Você também mudou. Resta saber se depois disso vocês ainda sentirão vontade de ficar juntos.

– Pensando nisso fico meio sem chão. Parece que falta alguma coisa.

– Cada um de nós vive seu próprio processo de evolução. Em nosso caminho cruzamos com muitas pessoas, mas é preciso não esquecer de que ninguém é de ninguém e que o apego é uma ilusão que nos faz sofrer. É preciso entender o momento de deixar ir ou de estar junto. Confesso que isso não é muito fácil e eu tenho me esforçado para conseguir.

– Sei que você está certo. Ontem, no Círculo Literário, vendo aquela mulher linda, olhando-me com olhos comovidos, cantando aquela canção de amor, senti por ela uma terna atração e uma vontade de conhecê-la melhor. Fui me inscrever, mas logo em seguida uma culpa muito forte me acometeu. Pareceu-me estar traindo o amor de Maria. Então eu fugi e não fui conversar com ela.

– Você ainda está apegado a Maria, mas já sente vontade de procurar outros amores. É um bom sinal.

– Você acha?

– Pense nisso. Liberte-se desse apego. Por certo, o amor que sente por Maria continuará existindo e você continuará torcendo para que ela seja feliz. Mas ao mesmo tempo, cuidará também de conquistar a sua felicidade. Em nossa caminhada através dos séculos, poderemos ter muitos amores e manifestá-los sempre que a vida nos colocar ao lado dos que amamos. O amor é um sentimento natural e o fato de amarmos uma não quer dizer que estamos traindo a outra. Tudo depende de como você vive esse amor.

– Muitas vezes penso que ainda conservo várias das crenças terrenas.

– É hora de olhar seus sentimentos pela óptica espiritual. Somos livres para amar.

– De fato, aqui temos ouvido falar muito do amor sem limites, mas que respeita e se satisfaz com o próprio sentimento. Eu nunca entendi bem o que isso significa. Agora, parece que estou começando a entender.

– Outros fatores interferem nessa compreensão. A maneira como você se vê, o grau de autoconhecimento conquistado, a libertação de toda a maldade que estabelece a pureza, ajudam muito nessa conquista.

– Reconheço que precisarei de um esforço constante para chegar a isso.

– Eu tenho tentado. Em que pese algumas recaídas naturais, tenho melhorado. O principal é continuar tentando. Estou certo de que vai valer a pena. Você já imaginou, poder viver sentindo o tempo todo o calor do amor no coração? Nunca sentir um pensamento ruim, esquecer todas as tragédias do mundo que nos incomodam e ter calma para ajudar no que for possível a construção do bem?

Os olhos de Joaquim brilharam emotivos, quando ele respondeu:

– De agora em diante vou me esforçar muito para melhorar meu mundo interior. Quero cuidar de mim, fazer alguma coisa que me torne uma pessoa melhor.

– Esse é o objetivo maior da nossa vida. Ao nos tornarmos melhores estamos de fato melhorando o mundo.

Joaquim levantou-se e abraçou-me contente.

– Foi uma benção ter o amigo aqui em casa. Nunca esquecerei estes momentos de reflexão e amizade.

– Espero que eles se repitam. Quando puder, vá passar algum tempo em minha casa. Gostaria de apresentar-lhe alguns amigos.

– Irei assim que puder. Está na hora de irmos. Otaviano nos espera.

– Estou pronto.

Em seguida, saímos e pouco depois chegamos à casa de Otaviano. Ela estava iluminada, as janelas abertas e as pessoas vestidas com apuro, fazendo-me recordar uma reunião da melhor sociedade do Rio de Janeiro nos tempos da minha juventude.

Fomos recebidos com carinho. Dorotéia abraçou-me afetuosamente:

– Pena que você vai embora. Não poderia ficar mais um pouco? Gostaria que fosse passar uma tarde lá em minha casa.

– Eu gostaria de ir, mas não posso. Meu tempo disponível terminou. Há vários compromissos me esperando.

– Nesse caso, vamos nos sentar e conversar um pouco.

Acompanhei-a até um canto da sala e nos sentamos lado a lado no sofá.

– Noto que está preocupada.

– Tenho que tomar uma decisão importante e ainda não sei o que fazer. Gostaria de ouvir sua opinião.

– Do que se trata?

– Não tenho passado bem nos últimos tempos. Algumas lembranças do passado me incomodam, sem que eu possa impedir, provocando muitos conflitos, culpas, indisposições, mal-estar.

– Quando os assuntos mal resolvidos do passado nos procuram com insistência é porque chegou o momento de encará-los de frente e tentar resolvê-los de uma vez.

– Já me disseram isso, mas penso que ainda não estou totalmente pronta.

– Será? A vida nunca se engana. Se ela trouxe esses fatos de volta, é porque você tem toda a chance de vencê-los.

– Você acha?

– Estou certo disso. A vida não joga para perder.

Ela suspirou fundo, olhou-me nos olhos como querendo encontrar neles a coragem que precisava, e respondeu:

– Meus médicos dizem que está na hora de eu reencarnar. Mas tenho medo. Não me sinto preparada para enfrentar o esquecimento, a vida na carne com todos os desafios que isso representa.

– Sei que isso sempre atemoriza. Mas por outro lado, o esquecimento que você teme, seria uma pausa em que você vai poder aprender coisas novas, que poderão facilitar seu crescimento espiritual. Segundo sei, há a possibilidade de você receber Janice como filha novamente, acabando de vez com os desentendimentos que ficaram entre vocês.

– Eu gostaria muito. Mas tenho receio de fracassar.

– Hoje você está mais amadurecida que naquele tempo. Estou certo de que terá condições de entender-se muito bem com ela e desfazer as ilusões do passado.

– Você acha isso mesmo? Não está falando só para me dar coragem?

– Não está sentindo minha sinceridade?

– Desculpe-me. Por um momento esqueci de que não estamos nas convenções sociais do mundo. Sinto que está dizendo o que pensa. Mas eu queria muito que você dissesse o contrário.

– Para dividir a responsabilidade. Mas, embora eu tenha expressado o que sinto, a escolha sempre será sua.

Ela ficou calada por alguns instantes, depois disse:

– Se eu resolver reencarnar gostaria de poder contar com sua ajuda.

– Pode contar com ela. Mas não pense que vou passar a mão na sua cabeça. Vou mais é fazê-la sentir o quanto é forte e capaz.

– De que forma pensa fazer isso?

– Ainda não sei. Mas até lá encontrarei alguma maneira criativa. Pode esperar.

– Você leva na brincadeira, mas é sério.

– Estou falando sério.

– Isso me conforta muito. Obrigada por ter me ouvido. Os convidados vieram para vê-lo e eu o estou monopolizando. Desculpe-me, mas eu precisava falar.

– Não se preocupe com isso. Há tempo para tudo.

Eu levantei-me e Otaviano aproximou-se com um casal que desejava me conhecer.

As horas passaram rapidamente, os convidados foram se despedindo e ficamos apenas Joaquim, Engracia e Otaviano.

– Está na hora de ir. – Disse Otaviano.

Abracei Joaquim, agradeci a hospitalidade, as atenções de Engracia e saí com Otaviano, que me levaria ao lugar em que eu deveria embarcar de volta à minha cidade.

Chegamos ao local de embarque, uma estrada deserta, paramos e eu indaguei:

– É aqui?

– Sim. Devem estar chegando.

– Pensei que fosse embarcar na mesma estação de quando chegamos.

– Não. São situações diferentes. Você agora vai em um comboio cujos passageiros vão reencarnar. A experiência nos ensinou que é melhor não misturar as duas coisas. Devo dizer-lhe que tive muito prazer em recebê-lo e gostaria que viesse mais vezes. Deixou muitos amigos aqui.

– Foi uma viagem inesquecível. Se depender de mim, virei sim. Espero vocês lá, e quero ter o prazer de hospedá-los em minha casa.

– Obrigado.

Dois faróis apareceram e nos abraçamos em despedida. O veículo estacionou diante de nós, a porta abriu e uma voz pediu:

– Entre e sente-se. Vamos partir.

Obedeci, acomodando-me na poltrona vazia que havia. As luzes se apagaram e partimos.

Esse veículo era igual ao que eu chegara a Alverne, mas as pessoas não estavam dormindo como naquela noite. Estavam sérias, pensativas, caladas. Percebi que algumas sentiam medo.

A meu lado estava sentada uma senhora, fisionomia simpática, sorriso fácil que me disse:

– Seja bem-vindo.

Agradeci, mas o sentimento de medo apareceu mais forte. Notando a boa vontade dela, indaguei baixinho:

– Estou sentindo uma energia de medo. O que está havendo?

– Se você fosse reencarnar esta noite como se sentiria?

Senti o medo aumentar.

– Não brinque comigo. Ainda não é minha hora.

– Eu sei. Nem a minha. Estou acompanhando uma filha que está voltando. Aliás, apenas três aqui não vão agora. Os outros estão indo para uma organização perto da crosta para iniciar a preparação.

– Estão com medo.

– Quem não estaria? Obtive permissão para acompanhar minha filha porque ela precisa muito aproveitar essa oportunidade. Esteve muito doente, sofre algumas crises de memória e temos receio de que ela se desvie do rumo ao desembarcar.

– É raro que se permita acompanhar algum parente nessa circunstância.

– Não foi fácil mesmo. Mas eu me comprometi a ficar nessa organização, prestando serviço voluntário durante certo tempo.

Concordei. Eu sabia que nossos maiores nunca recusam uma colaboração. Mas antes de aceitar, avaliam se a pessoa está apta a fazer o que pretende.

Recostei-me e procurei relaxar. Apesar de haver adorado a estada em Alverne, estava contente por voltar e reencontrar meus amigos para retomar nossos projetos com energias renovadas.

Um soluço rompeu o silêncio e eu abri os olhos. Vinha de duas poltronas atrás e era de uma mulher. Senti que ela estava angustiada.

Concentrei meu pensamento nela e tentei perceber o que a angustiava. Então, comecei a ouvir o que ela estava pensando.

"– Eu não devia ter aceito ir agora. Não estou pronta. O que acontecerá se ele não me perdoar? Como conviver e aceitar ordens de quem me odeia?"

Tentei entrar em contato telepático com ela:

"– Calma. Não tenha medo. Tudo vai dar certo".

Ela me ouviu e perguntou ansiosa:

"– Quem é você? O que quer?".

"– Estou sentado duas poltronas à sua frente. Senti sua angústia e desejo ajudá-la."

"– Todos aqui estão com medo. Você não?"

"– Eu não vou reencarnar, por enquanto."

"– Por esse motivo é que está calmo. Você deve ser alguém de prestígio. Não pode ajudar-me a desistir dessa viagem?"

"– Não tenho nenhum prestígio. Você é que poderia ter discutido isso com seus protetores."

"– Eu concordei porque naquele momento me pareceu o melhor a fazer, mas agora que está chegando a hora, noto que ainda não estou pronta."

"– Esse receio é muito natural. O esquecimento do passado, os desafios que terá de vencer, as tentações do mundo, tudo atemoriza."

"– Comigo é pior. Além de tudo isso, devo ter como pai um homem que me odeia, ao qual eu fiz muito mal em outros tempos."

"– Será uma ótima oportunidade para acabarem com as desavenças passadas. Depois, vocês dois terão esquecido o passado, o que tornará menos difícil esse relacionamento."

"– Não nos lembraremos, porém todos os fatos desagradáveis que vivemos juntos estarão em nosso inconsciente nos influenciando."

"– Mas haverá um elemento novo que vai ajudá-los. Os laços da paternidade estarão também com vocês, facilitando os reajustes necessários ao entendimento."

"– Eu não havia pensado nisso. Mas há casos em que esses laços não são suficientemente fortes para destruir o ódio existente."

"– Serão, se você deixar de culpar-se."

"– Eu não consigo fazer isso. Fiz muito mal, estou arrependida, mas o arrependimento aumenta a consciência do meu erro."

"– Naquela época você não conseguiu fazer melhor, mas se fosse hoje, você agiria diferente."

"– Estou certa disso. O tempo passou, eu sofri, refleti, melhorei. Mas não consegui ainda me livrar da culpa."

"– Não seja tão severa consigo mesma. A vida está lhe dando uma oportunidade de agir melhor porque confia no seu progresso. Você pode vencer essa parada. Caso contrário, sua reencarnação não teria sido autorizada."

Ela ficou em silêncio durante alguns segundos, depois disse:

"– Tem razão. Hoje estou muito melhor do que naqueles tempos. Quando chegar o momento, vou agir de maneira diferente".

"– Assim é que se fala. Eu lhe desejo boa sorte."

"– Obrigada pela ajuda. Estou me sentindo bem melhor. Deus o abençoe."

"– A você também."

Respirei aliviado, não só por ter conseguido confortá-la como por não estar a caminho da reencarnação.

Quando penso nisso, ainda sinto um friozinho na barriga e alguns arrepios. É que apesar de tanta ajuda dos espíritos superiores, a vida na carne ainda é uma perigosa aventura.

O dia estava amanhecendo quando o veículo parou, a porta abriu, e uma voz disse:

– Posto 2.

Era o lugar em que eu deveria descer. Despedi-me da senhora que estava ao meu lado, desejando-lhe muito sucesso e desci.

Notei que estava no mesmo local em que havia embarcado quando fui, só que devido à claridade o lugar parecia menos deserto.

Concentrei meu pensamento em minha casa e comecei a volitar.

Eu estava emocionado, olhando aquelas paisagens amigas e pensando que se é bom viajar, é também muito bom poder voltar.

# 20

Em minha casa encontrei tudo muito bem cuidado, havia flores, e percebi logo o carinho com que os amigos arrumaram tudo para me alegrar.

Apesar de não haver dormido durante a viagem, eu me sentia disposto e ansioso para rever os amigos, saber as novidades e falar sobre minha estada em Alverne.

Antes que eu me dispusesse a sair, Jaime apareceu. Nós nos abraçamos com satisfação. Depois ele perguntou:

– Então, como foi a viagem, gostou?

– Maravilhosa. Fiz muitos amigos, aprendi bastante e espero poder voltar lá outra vez.

Ele sorriu alegre:

– É uma cidade muito agradável.

– É mais do que isso, é estimulante ao crescimento de nosso mundo interior.

– Isso mesmo. Esse é o ponto forte de Alverne. Muitas pessoas quando deixam o mundo físico, onde a vida é mais densa, precisam de mais tempo para enfrentar as mudanças do mundo astral.

– Tudo naquela cidade fez-me lembrar do Rio de Janeiro dos anos 40.

– Lá, a maioria dos moradores viveram no Brasil ou em Portugal.

– Por sinal, a casa em que fiquei foi construída por um português. Nós nos tornamos amigos.

– O que mais você gostou?

– Da maneira simples que eles têm de viver, divertir-se, sempre valorizando a sensibilidade.

– Utilizam as artes como elemento para isso.

– É mais ou menos o que estamos projetando fazer com nossos amigos que vivem na carne. Por causa da rejeição do modernismo, imaginava que eles fossem radicais. Estava enganado. Eles aceitam o modernismo, mas se recusam ao exagero. O que me fez pensar que talvez, nós aqui, estejamos sendo mais radicais que eles.

Jaime riu com gosto e respondeu:

– Estou vendo que você aprendeu mesmo o que precisava aprender.

Senti-me incomodado e perguntei:

– Você acha que eu sou radical?

– Eu não diria isso. Você é ansioso e está sempre querendo saber o que há mais à frente.

– Reconheço essa minha maneira de ser, mas não creio que seja um mal. Penso que a curiosidade nos ajuda a descobrir coisas novas.

– Não é um mal, só que às vezes o impede de ver o que está diante dos olhos.

Fiquei pensativo por alguns instantes, depois disse:

– Vou ficar atento para não perder nada do agora e continuar a pesquisar o futuro. Penso que posso fazer as duas coisas.

Ele riu satisfeito:

– Quanto mais o conheço, mais o aprecio. Seus amigos estão a sua espera hoje à tarde no salão do clube.

– Estarei lá no horário de costume.

Depois que ele se foi, sentei-me diante de minha máquina inteligente, apertei alguns botões e fui revendo alguns projetos que nosso grupo já implantou na Terra com a ajuda de alguns companheiros encarnados.

Fiquei feliz em verificar que eles estão indo muito bem. No Teatro Vida e Consciência, na sala que leva o meu nome, o Luiz Gasparetto sensibiliza milhares de pessoas, utilizando a arte de maneira convincente e linda.

Comoveu-me o fato de ele formar a Companhia das Luzes, com pessoas comuns, despertando-as para a arte e para a vida, fazendo-as participar da festa espiritual.

Esse já é um trabalho cujo projeto nasceu em nosso grupo astral e vendo-o realizado é para nós como um prêmio, mostrando-nos que tudo é possível quando nos dedicamos com amor e trabalhamos a favor da vida.

Foi pensando nisso que fui ao encontro de meus companheiros no lugar de costume.

Nosso encontro foi uma alegria a mais. Depois dos abraços e da troca de carinho, sentamo-nos. Cada um dos amigos, ao qual eu delegara algumas tarefas antes de viajar, foi falando sobre o que acontecera durante minha ausência.

Tudo estava indo muito bem, eles haviam acompanhado os acontecimentos na Terra. Depois, conversamos sobre os projetos complementares que seriam implantados quando as coisas chegassem ao ponto certo.

Há anos, quando recém-chegado em nossa cidade, penalizado com a quantidade de sofrimentos inúteis que as pessoas criam para si mesmas na Terra, comecei a imaginar uma forma de utilizar a arte e meus conhecimentos nessa área para lhes mostrar que podem mudar isso, aprendendo a escolher melhor suas atitudes.

Claro que não fiz isso sozinho. Alguns especialistas do comportamento logo se uniram a mim, e juntos começamos a trabalhar.

Embora a intenção inicial tenha sido ajudar as pessoas, devo confessar que aprendi muito, não só com os amigos que vieram cooperar, como com os encarnados, cujos casos e providências que nossos companheiros tomavam, calaram fundo em meu espírito.

Foi tudo isso que eu disse naquela tarde aos meus amigos que, de olhos úmidos e sentimentos fraternos, ouviam-me, depois de contar minhas aventuras em Alverne.

Eu sentia minha alma cantar de alegria, olhando os últimos raios de sol que beijavam as janelas do nosso salão. Não contive o entusiasmo diante de tanta beleza, tanta bondade da vida que nos abraça, ofertando-nos sempre o melhor, e finalizei:

– Foi bom eu ter me ausentado, ter conhecido pessoas que pensavam de forma diferente da minha, porque assim aprendi mais uma vez que a bondade divina funciona em todos os lugares do Universo. Neste momento, sinto que nossos projetos vão crescer a cada dia em realizações que beneficiarão a muitos, mas principalmente a nós próprios, alargando nossas consciências, tornando-nos mais lúcidos, fazendo-nos amadurecer.

Quero agradecer aos amigos, tanto daqui quanto aos encarnados com quem dividimos os méritos do trabalho, e dizer que esses laços de amizade vão continuar, diminuindo a distância que nos separa, até que possamos todos comemorar a Nova Era, quando toda a humanidade terrestre, libertando-se dos próprios grilhões, escolher um caminho melhor e poder ser mais feliz.

Calei-me emocionado. Uma chuva de pequenas luzes coloridas descia do alto sobre nossas cabeças, enquanto um perfume delicioso enchia o ar, uma brisa leve nos tocava e um calor muito agradável envolvia nossos corações, como a nos afirmar que nosso sonho um dia será realidade.

Ficamos assim durante alguns minutos. Depois, quando as pequenas luzes apagaram, fomos saindo em silêncio para guardar a magia daqueles instantes.

Por agora, despeço-me de vocês. Pretendo retomar as atividades o quanto antes. Há muito ainda por fazer. Mas prometo que assim que tiver novidades voltarei para contá-las.

Um abraço do amigo,

*Silveira Sampaio*

## Sucessos de ZIBIA GASPARETTO

*Crônicas e romances mediúnicos.*
*Mais de sete milhões de exemplares vendidos.*
*Há mais de dez anos Zibia Gasparetto vem se mantendo na lista dos mais vendidos, sendo reconhecida como uma das autoras nacionais que mais vende livros.*

---

Crônicas: Silveira Sampaio

- PARE DE SOFRER
- O MUNDO EM QUE EU VIVO
- BATE-PAPO COM O ALÉM
- O REPÓRTER DO OUTRO MUNDO

Crônicas: Zibia Gasparetto

- CONVERSANDO CONTIGO!

Autores diversos

- PEDAÇOS DO COTIDIANO
- VOLTAS QUE A VIDA DÁ

Romances: Lucius

- O AMOR VENCEU
- O AMOR VENCEU *(em edição ilustrada)*
- O MORRO DAS ILUSÕES
- ENTRE O AMOR E A GUERRA
- O MATUTO
- O FIO DO DESTINO
- LAÇOS ETERNOS
- ESPINHOS DO TEMPO
- ESMERALDA
- QUANDO A VIDA ESCOLHE

- SOMOS TODOS INOCENTES
- PELAS PORTAS DO CORAÇÃO
- A VERDADE DE CADA UM
- SEM MEDO DE VIVER
- O ADVOGADO DE DEUS
- QUANDO CHEGA A HORA
- NINGUÉM É DE NINGUÉM
- QUANDO É PRECISO VOLTAR
- TUDO TEM SEU PREÇO
- TUDO VALEU A PENA
- UM AMOR DE VERDADE
- NADA É POR ACASO
- O AMANHÃ A DEUS PERTENCE

- PROSPERIDADE PROFISSIONAL
- CONSERTO PARA UMA ALMA SÓ *(poesias metafísicas)*
- PARA VIVER SEM SOFRER

- CALUNGA - “Um dedinho de prosa”
- CALUNGA - Tudo pelo melhor
- CALUNGA - Fique com a luz...

- Série AMPLITUDE:

1 - Você está onde se põe

2 - Você é seu carro

3 - A vida lhe trata como você se trata

4 - A coragem de se ver

MECO SIMÕES G. FILHO:

- EURICO um urso de sorte (infantil)
- A AVENTURA MALUCA DO PAPAI NOEL
E DO COELHO DA PÁSCOA (infantil)

RICKY MEDEIROS:

- A PASSAGEM
- QUANDO ELE VOLTAR
- PELO AMOR OU PELA DOR...
- VAI AMANHECER OUTRA VEZ
- DIANTE DO ESPELHO

MAURÍCIO DE CASTRO (pelo espírito Hermes):

- O AMOR NÃO PODE ESPERAR

LEONARDO RÁSICA:

- FANTASMAS DO TEMPO - Eles voltaram para contar
- LUZES DO PASSADO

MÁRCIO FIORILLO (ditado por Madalena):

- EM NOME DA LEI

MARCELO CEZAR (ditado por Marco Aurélio):

- A VIDA SEMPRE VENCE
- SÓ DEUS SABE
- NADA É COMO PARECE
- NUNCA ESTAMOS SÓS
- MEDO DE AMAR
- VOCÊ FAZ O AMANHÃ
- O PREÇO DA PAZ

MÔNICA DE CASTRO (ditado por Leonel):

- UMA HISTÓRIA DE ONTEM
- SENTINDO NA PRÓPRIA PELE
- COM O AMOR NÃO SE BRINCA
- ATÉ QUE A VIDA OS SEPARE
- O PREÇO DE SER DIFERENTE
- GRETA
- SEGREDOS DA ALMA
- GISELLE - A amante do inquisidor

## LUIZ ANTONIO GASPARETTO EM CD:

*Aprenda a lidar melhor com as suas emoções para conquistar um maior domínio interior.*

---

- Prosperidade
- Confrontando a desilusão
- Confrontando a solidão
- Confrontando as críticas
- Confrontando a depressão
- Prece da Solução *(pelo espírito Calunga)*

• Série VIAGEM INTERIOR *(n° 1, n° 2 e n° 3)*:

Por meio de exercícios de meditação mergulhe dentro de você e descubra a força da sua essência espiritual e da sabedoria.

Experimente e verá como você pode desfrutar de saúde, paz e felicidade desde já.

• Série REALIZAÇÃO:

Com uma abordagem voltada aos espiritualistas independentes, eis aqui um projeto de *16 CDs* para você melhorar.

Encontros com o Poder Espiritual para práticas espirituais da prosperidade.

Nessa coleção, você aprenderá práticas de consagração, dedicação, técnicas de orações científicas, conceitos novos de força espiritual, conhecimento das leis do destino, práticas de ativar o poder pessoal e práticas de otimização mental.

• Série VIDA AFETIVA:

1 - Sexo e espiritualidade
2 - Jogos neuróticos a dois
3 - O que falta pra dar certo
4 - Paz a dois

- Série LUZES:

*Coletânea de 8 CDs, nos volumes 1 e 2.*

Por meio de curso ministrado no Espaço Vida & Consciência, pela mediunidade de Gasparetto, os espíritos desencarnados que formam no mundo astral o grupo dos Mensageiros da Luz, revelaram-nos os poderes e mistérios da Luz Astral, propondo exercícios para todos aqueles que querem trabalhar pela própria evolução e melhoria do planeta.

Nessa coletânea, trazemos aulas captadas ao vivo, para que você também possa juntar-se às fileiras dos que sabem que o mundo precisa de mais luz.

- Série ESPÍRITO *(composto de 12 CDs)*:

1 - espírito do trabalho
2 - espírito do dinheiro
3 - espírito do amor
4 - espírito da arte
5 - espírito da vida
6 - espírito da paz
7 - espírito da natureza
8 - espírito da juventude
9 - espírito da família
10 - espírito do sexo
11 - espírito da saúde
12 - espírito da beleza

A realidade tem muitas camadas, porém mais profunda é aquela que gera a existência das outras. Nós a chamamos de **Espírito**. Sendo o centro de cada um de nós, é o guia de nossos destinos rumo à realização.

Eleve-se, aprofunde-se e acorde para o seu espírito.

- Série PALESTRA:

1 - Meu amigo, o dinheiro
2 - Seja sempre o vencedor
3 - Abrindo caminhos
4 - Força espiritual

# ESPAÇO VIDA & CONSCIÊNCIA

É um centro de cultura e desenvolvimento da espiritualidade independente.

Acreditamos que temos muito a estudar para compreender de forma mais clara os mistérios da eternidade.

A Vida parece infinitamente sábia em nos dotar de inteligência para sobreviver com felicidade, e me parece a única saída para o sofrimento humano.

Nosso espaço se dedica inteiramente ao conhecimento filosófico e experimental das Leis da Vida, principalmente aquelas que conduzem os nossos destinos.

Acreditamos que somos realmente esta imensa força vital e eterna que anima a tudo, e não queremos ficar parados nos velhos padrões religiosos que pouco ou nada acrescentaram ao progresso da humanidade.

Assim, mudamos nossa atitude para uma posição mais cientificamente metodológica e resolvemos reinvestigar os velhos temas com uma nova cabeça.

O resultado é de fato surpreendente, ousado, instigador e prático.

É necessário querer estar à frente do seu tempo para possuí-lo.


*Maiores informações:*

*Rua Salvador Simões, 444 • Ipiranga • São Paulo • SP*

*CEP 04276-000 • Fone Fax: (11) 5063-2150*

*E-mail: espaco@vidaeconsciencia.com.br*

*Site: www.vidaeconsciencia.com.br*


Luiz Antonio Gasparetto

EDITORA VIDA & CONSCIÊNCIA GRÁFICA

INFORMAÇÕES E VENDAS:

Rua Agostinho Gomes, 2312
Ipiranga • CEP 04206-001
São Paulo • SP • Brasil
Fone / Fax: (11) 6161-2739 / 6161-2670
E-mail: editora@vidaeconsciencia.com.br
Site: www.vidaeconsciencia.com.br